¿QUIÉN DICEN QUE SOY YO?

El Hijo de Dios y sus primeros seguidores

LUCAS–HECHOS

NUEVA VERSIÓN INTERNACIONAL®

Biblica®

Por vidas transformadas con la Palabra de Dios

Llámenos hoy o visítenos en línea para recibir un catálogo gratis donde aparecen cientos de productos para el ministerio basados en las Escrituras.

Internet: Biblica.com   **Teléfono: 800-524-1588**
Email: BiblicaDirectService@Biblica.com   **Correo:** 1820 Jet Stream Drive
Colorado Springs, CO
80921-3696

Bíblica provee la Palabra de Dios a la gente por medio de la traducción, la publicación y la interacción bíblica en África, Asia Pacífico Oriental, Europa, América Latina, el Oriente Medio, América del Norte y Asia del Sur. Gracias a su alcance mundial, Bíblica facilita la interacción de las personas con la Palabra de Dios a fin de que sus vidas sean transformadas mediante una relación individual con Jesucristo.

Español Portion NVI 140410   02/14
10000   Printed in U.S.A.
ISBN 978-1-62337-083-1

UNA INVITACIÓN A
LUCAS-HECHOS

La Biblia no se trata de un solo libro, sino de una colección de muchos libros que se escribieron, se preservaron y se reunieron para que pudieran ser entregados a las nuevas generaciones de lectores. La lectura, por supuesto, no es un fin sí mismo. La lectura es una manera de penetrar en la historia. En términos generales, la Biblia es una invitación a ver el mundo de una forma distinta, para luego convertirse en agente de la renovación del mundo. La lectura es una manera de entrar para que puedas vivir la historia.

Desafortunadamente, por algún tiempo la Biblia se ha impreso en un formato que hace más difícil leerla. La Biblia moderna esconde sus formas literarias bajo una máscara de números que separa el texto en fragmentos y secciones y que nunca fue la intención de los autores. El nuevo formato de *Los libros de la Biblia* trata de presentar los libros en sus formas literarias naturales. Y esto parte del concepto fundamental de que una mejor presentación visual puede ayudar crucialmente a la lectura correcta, al buen entendimiento y a una mejor interacción con la Biblia. Esta edición de Lucas-Hechos se presenta con el formato de *Los libros de la Biblia*.

Lucas y Hechos constituyen dos volúmenes de una sola obra. Comienza con la vida y ministerio de Jesús el Mesías, traza la historia de los que lo siguieron hasta los propios días del autor, después de la mitad del siglo I d. de C. Los dos volúmenes juntos se constituyen en una especie de Nuevo Testamento en miniatura, y proporcionan un panorama de todo el período.

Lucas escribió esta historia para cumplir varios propósitos importantes. El primero fue el de asegurarles a los seguidores de Jesús de que lo que les habían enseñado de él era digno de confianza. Es posible que Teófilo, la persona que patrocinó esta obra y ayudó a que se esparciera, fuera un oficial romano ya que Lucas en la dedicación de apertura se dirige a él como *estimado Teófilo* usando un saludo reservado generalmente para estos oficiales. Lucas se refiere a él como a alguien que ha sido instruido en la fe cristiana y le dice que quiere que sepa que las cosas que le han enseñado son ciertas. No hay duda de que Lucas desea que las muchas personas a las que Teófilo les contará la historia sepan lo mismo

Lucas-Hechos también demuestra que el verdadero Dios es fiel y puede confiarse en él completamente. Lo hace al documentar cómo Dios mantuvo la promesa que le hizo al pueblo de Israel al enviar a Jesús como el Mesías o Rey largamente esperado. Luego muestra cómo Dios invitó a los no judíos (conocidos como gentiles) a seguir también a Jesús. La historia de Lucas demuestra así que la extensión de la bendición de Dios a personas como Teófilo y sus amigos representa no un cambio caprichoso de planes, sino el cumplimiento magistral de un plan que Dios venía siguiendo a lo largo de las edades. En la historia de la Biblia el papel de Israel siempre ha sido el de llevar la luz de Dios al resto del mundo. Los primeros seguidores de Jesús asumieron este llamamiento al anunciar la victoria de Jesús sobre el pecado y la muerte a todas las naciones. Este tema recorre ambos volúmenes, cuando Pablo y Bernabé le dicen a un público judío:

Así nos lo ha mandado el Señor:

«"Te he puesto por luz para las naciones,
a fin de que lleves mi salvación hasta los confines de la tierra".»

Así pues, Lucas-Hechos cuenta la historia de cómo Dios invitó primeramente al pueblo de Israel, luego a la gente de todas las naciones, a seguir a Jesús. La forma de la historia de Lucas refleja este mensaje. En el primer volumen, el movimiento es hacia Jerusalén, el centro de la vida nacional judía. En el segundo, el movimiento se inicia en Jerusalén y se expande a las otras naciones, y concluye con la proclamación del reino de Dios que hace Pablo en Roma, la capital del imperio.

Si se compara con otras historias nacionales de la época que casi siempre contenían veinte o más volúmenes, la de Lucas es corta. Cada uno de sus volúmenes cubre alrededor de treinta años. Al igual que otros historiadores de su tiempo, Lucas ofrece un bosquejo de acontecimientos importantes colmado de detalles que obtiene de fuentes a su disposición: cartas, discursos, himnos, narraciones de viaje, transcripciones de juicios y anécdotas biográficas. (Lucas tuvo acceso a estos documentos como colaborador y compañero de viaje del apóstol Pablo.)

El primer volumen, el libro de Lucas, comienza con una sección preliminar que introduce los temas principales de todo el libro, contando la historia de la vida temprana de Jesús. Este libro contiene tres secciones principales:

: La primera describe el ministerio de Jesús en Galilea, la región norte de la tierra de Israel;
: La segunda sección presenta un largo viaje a Jerusalén durante el cual Jesús enseña y responde preguntas acerca de lo que significa seguirlo a él;
: La tercera cuenta cómo Jesús entregó su vida en Jerusalén y luego resucitó de nuevo para ser el Gobernante y Salvador del mundo.

El segundo volumen, el libro de los Hechos, contiene seis partes. Cada una de ellas describe una fase sucesiva de la expansión de la comunidad de los seguidores de Jesús más allá de Jerusalén. Las divisiones entre ellas están marcadas por variaciones de la frase: *Pero la palabra de Dios seguía extendiéndose y difundiéndose.*

: En la primera fase, la comunidad se establece en Jerusalén y se torna griegohablante, lo que permite que el mensaje se esparza por todo el imperio;
: En la segunda fase, la comunidad se expande por todo el resto de Palestina;
: En la tercera fase, se incluye a los gentiles en la comunidad junto con los judíos.
: En la cuarta fase, la comunidad manda intencionalmente a mensajeros hacia el oeste, en la poblada provincia romana de Asia;
: En la quinta fase, estos mensajeros entran a Europa;
: En la fase final, la comunidad llega hasta lo más profundo de la capital de Roma y alcanza los más altos niveles de la sociedad. De esta manera la invitación de Dios se extiende a todas las naciones.

Oramos para que tu interacción con Lucas-Hechos te guíe de manera más profunda en la historia de Jesús y de sus primeros seguidores. Esperamos que entonces puedas asumir tu propio lugar en el continuo drama de Dios de una nueva creación.

| LUCAS |

Muchos han intentado hacer un relato de las cosas que se han cumplido entre nosotros, tal y como nos las transmitieron los que desde el principio fueron testigos presenciales y servidores de la palabra. Por lo tanto, yo también, excelentísimo Teófilo, habiendo investigado todo esto con esmero desde su origen, he decidido escribírtelo ordenadamente, para que llegues a tener plena seguridad de lo que te enseñaron.

En tiempos de Herodes, rey de Judea, hubo un sacerdote llamado Zacarías, miembro del grupo de Abías. Su esposa Elisabet también era descendiente de Aarón. Ambos eran rectos e intachables delante de Dios; obedecían todos los mandamientos y preceptos del Señor. Pero no tenían hijos, porque Elisabet era estéril; y los dos eran de edad avanzada.

Un día en que Zacarías, por haber llegado el turno de su grupo, oficiaba como sacerdote delante de Dios, le tocó en suerte, según la costumbre del sacerdocio, entrar en el santuario del Señor para quemar incienso. Cuando llegó la hora de ofrecer el incienso, la multitud reunida afuera estaba orando. En esto un ángel del Señor se le apareció a Zacarías a la derecha del altar del incienso. Al verlo, Zacarías se asustó, y el temor se apoderó de él. El ángel le dijo:

—No tengas miedo, Zacarías, pues ha sido escuchada tu oración. Tu esposa Elisabet te dará un hijo, y le pondrás por nombre Juan. Tendrás gozo y alegría, y muchos se regocijarán por su nacimiento, porque él será un gran hombre delante del Señor. Jamás tomará vino ni licor, y será lleno del Espíritu Santo aun desde su nacimiento. Hará que muchos israelitas se vuelvan al Señor su Dios. Él irá primero, delante del Señor, con el espíritu y el poder de Elías, para reconciliar a los padres con los hijos y guiar a los desobedientes a la sabiduría de los justos. De este modo preparará un pueblo bien dispuesto para recibir al Señor.

—¿Cómo podré estar seguro de esto? —preguntó Zacarías al ángel—. Ya soy anciano y mi esposa también es de edad avanzada.

—Yo soy Gabriel y estoy a las órdenes de Dios —le contestó el ángel—. He sido enviado para hablar contigo y darte estas buenas noticias. Pero como no creíste en mis palabras, las cuales se cumplirán a su debido tiempo, te vas a quedar mudo. No podrás hablar hasta el día en que todo esto suceda.

Mientras tanto, el pueblo estaba esperando a Zacarías y les extrañaba que se demorara tanto en el santuario. Cuando por fin salió, no podía hablarles, así que se dieron cuenta de que allí había tenido una visión. Se podía comunicar sólo por señas, pues seguía mudo.

Cuando terminaron los días de su servicio, regresó a su casa. Poco después, su esposa Elisabet quedó encinta y se mantuvo recluida por cinco meses. «Esto —decía ella— es obra del Señor, que ahora ha mostrado su bondad al quitarme la vergüenza que yo tenía ante los demás.»

A los seis meses, Dios envió al ángel Gabriel a Nazaret, pueblo de Galilea, a visitar a una joven virgen comprometida para casarse con un hombre que se llamaba José, descendiente de David. La virgen se llamaba María. El ángel se acercó a ella y le dijo:

—¡Te saludo, tú que has recibido el favor de Dios! El Señor está contigo.

Ante estas palabras, María se perturbó, y se preguntaba qué podría significar este saludo.

—No tengas miedo, María; Dios te ha concedido su favor —le dijo el ángel—. Quedarás encinta y darás a luz un hijo, y le pondrás por nombre Jesús. Él será un gran hombre, y lo llamarán Hijo del Altísimo. Dios el Señor le dará el trono de su padre David, y reinará sobre el pueblo de Jacob para siempre. Su reinado no tendrá fin.

—¿Cómo podrá suceder esto —le preguntó María al ángel—, puesto que soy virgen?

—El Espíritu Santo vendrá sobre ti, y el poder del Altísimo te cubrirá con su sombra. Así que al santo niño que va a nacer lo llamarán Hijo de Dios. También tu parienta Elisabet va a tener un hijo en su vejez; de hecho, la que decían que era estéril ya está en el sexto mes de embarazo. Porque para Dios no hay nada imposible.

—Aquí tienes a la sierva del Señor —contestó María—. Que él haga conmigo como me has dicho.

Con esto, el ángel la dejó.

A los pocos días María emprendió el viaje y se fue de prisa a un pueblo en la región montañosa de Judea. Al llegar, entró en casa de Zacarías y saludó a Elisabet. Tan pronto como Elisabet oyó el saludo de María, la criatura saltó en su vientre. Entonces Elisabet, llena del Espíritu Santo, exclamó:

—¡Bendita tú entre las mujeres, y bendito el hijo que darás a luz! Pero, ¿cómo es esto, que la madre de mi Señor venga a verme? Te digo que tan pronto como llegó a mis oídos la voz de tu saludo, saltó de alegría la criatura que llevo en el vientre. ¡Dichosa tú que has creído, porque lo que el Señor te ha dicho se cumplirá!

Entonces dijo María:

—Mi alma glorifica al Señor,
y mi espíritu se regocija en Dios mi Salvador,

porque se ha dignado fijarse en su humilde sierva.

Desde ahora me llamarán dichosa todas las generaciones,
porque el Poderoso ha hecho grandes cosas por mí.
¡Santo es su nombre!

De generación en generación
se extiende su misericordia a los que le temen.

Hizo proezas con su brazo;
desbarató las intrigas de los soberbios.

De sus tronos derrocó a los poderosos,
mientras que ha exaltado a los humildes.

A los hambrientos los colmó de bienes,
y a los ricos los despidió con las manos vacías.

Acudió en ayuda de su siervo Israel
y, cumpliendo su promesa a nuestros padres,

mostró su misericordia a Abraham
y a su descendencia para siempre.

María se quedó con Elisabet unos tres meses y luego regresó a su casa.

Cuando se le cumplió el tiempo, Elisabet dio a luz un hijo. Sus vecinos y parientes se enteraron de que el Señor le había mostrado gran misericordia, y compartieron su alegría.

A los ocho días llevaron a circuncidar al niño. Como querían ponerle el nombre de su padre, Zacarías, su madre se opuso.

—¡No! —dijo ella—. Tiene que llamarse Juan.

—Pero si nadie en tu familia tiene ese nombre —le dijeron.

Entonces le hicieron señas a su padre, para saber qué nombre quería ponerle al niño. Él pidió una tablilla, en la que escribió: «Su nombre es Juan.» Y todos quedaron asombrados. Al instante se le desató la lengua, recuperó el habla y comenzó a alabar a Dios. Todos los vecinos se llenaron de temor, y por toda la región montañosa de Judea se comentaba lo sucedido. Quienes lo oían se preguntaban: «¿Qué llegará a ser este niño?» Porque la mano del Señor lo protegía.

Entonces su padre Zacarías, lleno del Espíritu Santo, profetizó:

«Bendito sea el Señor, Dios de Israel,
porque ha venido a redimir a su pueblo.

Nos envió un poderoso salvador
en la casa de David su siervo

(como lo prometió en el pasado por medio de sus santos profetas),

para librarnos de nuestros enemigos
y del poder de todos los que nos aborrecen;

para mostrar misericordia a nuestros padres
al acordarse de su santo pacto.

Así lo juró a Abraham nuestro padre:

nos concedió que fuéramos libres del temor,
al rescatarnos del poder de nuestros enemigos,
para que le sirviéramos con santidad y justicia,
viviendo en su presencia todos nuestros días.

Y tú, hijito mío, serás llamado profeta del Altísimo,
porque irás delante del Señor para prepararle el camino.

Darás a conocer a su pueblo la salvación
mediante el perdón de sus pecados,

gracias a la entrañable misericordia de nuestro Dios.
Así nos visitará desde el cielo el sol naciente,

para dar luz a los que viven en tinieblas,
en la más terrible oscuridad,

para guiar nuestros pasos por la senda de la paz.»

El niño crecía y se fortalecía en espíritu; y vivió en el desierto hasta el día en que se presentó públicamente al pueblo de Israel.

Por aquellos días Augusto César decretó que se levantara un censo en todo el imperio romano. (Este primer censo se efectuó cuando Cirenio gobernaba en Siria.) Así que iban todos a inscribirse, cada cual a su propio pueblo. También José, que era descendiente del rey David, subió de Nazaret, ciudad de Galilea, a Judea. Fue a Belén, la ciudad de David, para inscribirse junto con María su esposa. Ella se encontraba encinta y, mientras estaban allí, se le cumplió el tiempo. Así que dio a luz a su hijo primogénito. Lo envolvió en pañales y lo acostó en un pesebre, porque no había lugar para ellos en la posada.

En esa misma región había unos pastores que pasaban la noche en el campo, turnándose para cuidar sus rebaños. Sucedió que un ángel del Señor se les apareció. La gloria del Señor los envolvió en su luz, y se llenaron de temor. Pero el ángel les dijo: «No tengan miedo. Miren que les traigo buenas noticias que serán motivo de mucha alegría para todo el pueblo. Hoy les ha nacido en la ciudad de David un Salvador, que es Cristo el Señor. Esto les servirá de señal: Encontrarán a un niño envuelto en pañales y acostado en un pesebre.»

De repente apareció una multitud de ángeles del cielo, que alababan a Dios y decían:

> «Gloria a Dios en las alturas,
> y en la tierra paz a los que gozan de su buena voluntad.»

Cuando los ángeles se fueron al cielo, los pastores se dijeron unos a otros: «Vamos a Belén, a ver esto que ha pasado y que el Señor nos ha dado a conocer.»

Así que fueron de prisa y encontraron a María y a José, y al niño que estaba acostado en el pesebre. Cuando vieron al niño, contaron lo que les habían dicho acerca de él, y cuantos lo oyeron se asombraron de lo que los pastores decían. María, por su parte, guardaba todas estas cosas en su corazón y meditaba acerca de ellas. Los pastores regresaron glorificando y alabando a Dios por lo que habían visto y oído, pues todo sucedió tal como se les había dicho.

Cuando se cumplieron los ocho días y fueron a circuncidarlo, lo llamaron Jesús, nombre que el ángel le había puesto antes de que fuera concebido.

Así mismo, cuando se cumplió el tiempo en que, según la ley de Moisés, ellos debían purificarse, José y María llevaron al niño a Jerusalén para presentarlo al Señor. Así cumplieron con lo que en la ley del Señor está escrito: «Todo varón primogénito será consagrado al Señor». También ofrecieron un sacrificio conforme a lo que la ley del Señor dice: «un par de tórtolas o dos pichones de paloma».

Ahora bien, en Jerusalén había un hombre llamado Simeón, que era justo y devoto, y aguardaba con esperanza la redención de Israel. El Espíritu Santo estaba con él y le había revelado que no moriría sin antes ver al Cristo del Señor. Movido por el Espíritu, fue al templo. Cuando al niño Jesús lo llevaron sus padres para cumplir con la costumbre establecida por la ley, Simeón lo tomó en sus brazos y bendijo a Dios:

> «Según tu palabra, Soberano Señor,
> ya puedes despedir a tu siervo en paz.

Porque han visto mis ojos tu salvación,
que has preparado a la vista de todos los pueblos:

luz que ilumina a las naciones
y gloria de tu pueblo Israel.»

El padre y la madre del niño se quedaron maravillados por lo que se decía de él. Simeón les dio su bendición y le dijo a María, la madre de Jesús: «Este niño está destinado a causar la caída y el levantamiento de muchos en Israel, y a crear mucha oposición, a fin de que se manifiesten las intenciones de muchos corazones. En cuanto a ti, una espada te atravesará el alma.»

Había también una profetisa, Ana, hija de Penuel, de la tribu de Aser. Era muy anciana; casada de joven, había vivido con su esposo siete años, y luego permaneció viuda hasta la edad de ochenta y cuatro. Nunca salía del templo, sino que día y noche adoraba a Dios con ayunos y oraciones. Llegando en ese mismo momento, Ana dio gracias a Dios y comenzó a hablar del niño a todos los que esperaban la redención de Jerusalén.

Después de haber cumplido con todo lo que exigía la ley del Señor, José y María regresaron a Galilea, a su propio pueblo de Nazaret. El niño crecía y se fortalecía; progresaba en sabiduría, y la gracia de Dios lo acompañaba.

Los padres de Jesús subían todos los años a Jerusalén para la fiesta de la Pascua. Cuando cumplió doce años, fueron allá según era la costumbre. Terminada la fiesta, emprendieron el viaje de regreso, pero el niño Jesús se había quedado en Jerusalén, sin que sus padres se dieran cuenta. Ellos, pensando que él estaba entre el grupo de viajeros, hicieron un día de camino mientras lo buscaban entre los parientes y conocidos. Al no encontrarlo, volvieron a Jerusalén en busca de él. Al cabo de tres días lo encontraron en el templo, sentado entre los maestros, escuchándolos y haciéndoles preguntas. Todos los que le oían se asombraban de su inteligencia y de sus respuestas. Cuando lo vieron sus padres, se quedaron admirados.

—Hijo, ¿por qué te has portado así con nosotros? —le dijo su madre—. ¡Mira que tu padre y yo te hemos estado buscando angustiados!

—¿Por qué me buscaban? ¿No sabían que tengo que estar en la casa de mi Padre?

Pero ellos no entendieron lo que les decía.

Así que Jesús bajó con sus padres a Nazaret y vivió sujeto a ellos. Pero su madre conservaba todas estas cosas en el corazón. Jesús siguió creciendo en sabiduría y estatura, y cada vez más gozaba del favor de Dios y de toda la gente.

En el año quince del reinado de Tiberio César, Poncio Pilato gobernaba la provincia de Judea, Herodes era tetrarca en Galilea, su hermano Felipe en Iturea y Traconite, y Lisanias en Abilene; el sumo sacerdocio lo ejercían Anás y Caifás. En aquel entonces, la palabra de Dios llegó a Juan hijo de Zacarías, en el desierto. Juan recorría toda la región del Jordán predicando el bautismo de arrepentimiento para el perdón de pecados. Así está escrito en el libro del profeta Isaías:

«Voz de uno que grita en el desierto:

"Preparen el camino del Señor,
háganle sendas derechas.

Todo valle será rellenado,
toda montaña y colina será allanada.

Los caminos torcidos se enderezarán,
las sendas escabrosas quedarán llanas.

Y todo mortal verá la salvación de Dios." »

Muchos acudían a Juan para que los bautizara.

—¡Camada de víboras! —les advirtió—. ¿Quién les dijo que podrán escapar del castigo que se acerca? Produzcan frutos que demuestren arrepentimiento. Y no se pongan a pensar: "Tenemos a Abraham por padre." Porque les digo que aun de estas piedras Dios es capaz de darle hijos a Abraham. Es más, el hacha ya está puesta a la raíz de los árboles, y todo árbol que no produzca buen fruto será cortado y arrojado al fuego.

—¿Entonces qué debemos hacer? —le preguntaba la gente.

—El que tiene dos camisas debe compartir con el que no tiene ninguna —les contestó Juan—, y el que tiene comida debe hacer lo mismo.

Llegaron también unos recaudadores de impuestos para que los bautizara.

—Maestro, ¿qué debemos hacer nosotros? —le preguntaron.

—No cobren más de lo debido —les respondió.

—Y nosotros, ¿qué debemos hacer? —le preguntaron unos soldados.

—No extorsionen a nadie ni hagan denuncias falsas; más bien confórmense con lo que les pagan.

La gente estaba a la expectativa, y todos se preguntaban si acaso Juan sería el Cristo.

—Yo los bautizo a ustedes con agua —les respondió Juan a todos—. Pero está por llegar uno más poderoso que yo, a quien ni siquiera merezco desatarle la correa de sus sandalias. Él los bautizará con el Espíritu Santo y con fuego. Tiene el rastrillo en la mano para limpiar su era y recoger el trigo en su granero; la paja, en cambio, la quemará con fuego que nunca se apagará.

Y con muchas otras palabras exhortaba Juan a la gente y le anunciaba las buenas nuevas. Pero cuando reprendió al tetrarca Herodes por el asunto de su cuñada Herodías, y por todas las otras maldades que había cometido, Herodes llegó hasta el colmo de encerrar a Juan en la cárcel.

Un día en que todos acudían a Juan para que los bautizara, Jesús fue bautizado también. Y mientras oraba, se abrió el cielo, y el Espíritu Santo bajó sobre él en forma de paloma. Entonces se oyó una voz del cielo que decía: «Tú eres mi Hijo amado; estoy muy complacido contigo.»

Jesús tenía unos treinta años cuando comenzó su ministerio. Era hijo, según se creía, de José,

hijo de Elí, hijo de Matat,
hijo de Leví, hijo de Melquí,
hijo de Janay, hijo de José,
hijo de Matatías, hijo de Amós,
hijo de Nahúm, hijo de Eslí,
hijo de Nagay, hijo de Máat,
hijo de Matatías, hijo de Semeí,

hijo de Josec, hijo de Judá,
hijo de Yojanán, hijo de Resa,
hijo de Zorobabel, hijo de Salatiel,
hijo de Neri, hijo de Melquí,
hijo de Adí, hijo de Cosán,
hijo de Elmadán, hijo de Er,
hijo de Josué, hijo de Eliezer,
hijo de Jorín, hijo de Matat,
hijo de Leví, hijo de Simeón,
hijo de Judá, hijo de José,
hijo de Jonán, hijo de Eliaquín,
hijo de Melea, hijo de Mainán,
hijo de Matata, hijo de Natán,
hijo de David, hijo de Isaí,
hijo de Obed, hijo de Booz,
hijo de Salmón, hijo de Naasón,
hijo de Aminadab, hijo de Aram,
hijo de Jezrón, hijo de Fares,
hijo de Judá, hijo de Jacob,
hijo de Isaac, hijo de Abraham,
hijo de Téraj, hijo de Najor,
hijo de Serug, hijo de Ragau,
hijo de Péleg, hijo de Éber,
hijo de Selaj, hijo de Cainán,
hijo de Arfaxad, hijo de Sem,
hijo de Noé, hijo de Lamec,
hijo de Matusalén, hijo de Enoc,
hijo de Jared, hijo de Malalel,
hijo de Cainán, hijo de Enós,
hijo de Set, hijo de Adán,
hijo de Dios.

Jesús, lleno del Espíritu Santo, volvió del Jordán y fue llevado por el Espíritu al desierto. Allí estuvo cuarenta días y fue tentado por el diablo. No comió nada durante esos días, pasados los cuales tuvo hambre.

—Si eres el Hijo de Dios —le propuso el diablo—, dile a esta piedra que se convierta en pan.

Jesús le respondió:

—Escrito está: "No sólo de pan vive el hombre."

Entonces el diablo lo llevó a un lugar alto y le mostró en un instante todos los reinos del mundo.

—Sobre estos reinos y todo su esplendor —le dijo—, te daré la autoridad, porque a mí me ha sido entregada, y puedo dársela a quien yo quiera. Así que, si me adoras, todo será tuyo.

Jesús le contestó:

—Escrito está: "Adora al Señor tu Dios y sírvele solamente a él."

El diablo lo llevó luego a Jerusalén e hizo que se pusiera de pie en la parte más alta del templo, y le dijo:

—Si eres el Hijo de Dios, ¡tírate de aquí! Pues escrito está:

»"Ordenará que sus ángeles te cuiden.

Te sostendrán en sus manos
para que no tropieces con piedra alguna."

—También está escrito: "No pongas a prueba al Señor tu Dios" —le replicó Jesús.

Así que el diablo, habiendo agotado todo recurso de tentación, lo dejó hasta otra oportunidad.

Jesús regresó a Galilea en el poder del Espíritu, y se extendió su fama por toda aquella región. Enseñaba en las sinagogas, y todos lo admiraban.

Fue a Nazaret, donde se había criado, y un sábado entró en la sinagoga, como era su costumbre. Se levantó para hacer la lectura, y le entregaron el libro del profeta Isaías. Al desenrollarlo, encontró el lugar donde está escrito:

«El Espíritu del Señor está sobre mí,
por cuanto me ha ungido
para anunciar buenas nuevas a los pobres.

Me ha enviado a proclamar libertad a los cautivos
y dar vista a los ciegos,

a poner en libertad a los oprimidos,
a pregonar el año del favor del Señor.»

Luego enrolló el libro, se lo devolvió al ayudante y se sentó. Todos los que estaban en la sinagoga lo miraban detenidamente, y él comenzó a hablarles: «Hoy se cumple esta Escritura en presencia de ustedes.»

Todos dieron su aprobación, impresionados por las hermosas palabras que salían de su boca. «¿No es éste el hijo de José?», se preguntaban.

Jesús continuó: «Seguramente ustedes me van a citar el proverbio: "¡Médico, cúrate a ti mismo! Haz aquí en tu tierra lo que hemos oído que hiciste en Capernaúm." Pues bien, les aseguro que a ningún profeta lo aceptan en su propia tierra. No cabe duda de que en tiempos de Elías, cuando el cielo se cerró por tres años y medio, de manera que hubo una gran hambre en toda la tierra, muchas viudas vivían en Israel. Sin embargo, Elías no fue enviado a ninguna de ellas, sino a una viuda de Sarepta, en los alrededores de Sidón. Así mismo, había en Israel muchos enfermos de lepra en tiempos del profeta Eliseo, pero ninguno de ellos fue sanado, sino Naamán el sirio.»

Al oír esto, todos los que estaban en la sinagoga se enfurecieron. Se levantaron, lo expulsaron del pueblo y lo llevaron hasta la cumbre de la colina sobre la que estaba construido el pueblo, para tirarlo por el precipicio. Pero él pasó por en medio de ellos y se fue.

Jesús pasó a Capernaúm, un pueblo de Galilea, y el día sábado enseñaba a la gente. Estaban asombrados de su enseñanza, porque les hablaba con autoridad.

Había en la sinagoga un hombre que estaba poseído por un espíritu maligno, quien gritó con todas sus fuerzas:

—¡Ah! ¿Por qué te entrometes, Jesús de Nazaret? ¿Has venido a destruirnos? Yo sé quién eres tú: ¡el Santo de Dios!

—¡Cállate! —lo reprendió Jesús—. ¡Sal de ese hombre!

Entonces el demonio derribó al hombre en medio de la gente y salió de él sin hacerle ningún daño.

Todos se asustaron y se decían unos a otros: «¿Qué clase de palabra es ésta? ¡Con autoridad y poder les da órdenes a los espíritus malignos, y salen!» Y se extendió su fama por todo aquel lugar.

Cuando Jesús salió de la sinagoga, se fue a casa de Simón, cuya suegra estaba enferma con una fiebre muy alta. Le pidieron a Jesús que la ayudara, así que se inclinó sobre ella y reprendió a la fiebre, la cual se le quitó. Ella se levantó en seguida y se puso a servirles.

Al ponerse el sol, la gente le llevó a Jesús todos los que padecían de diversas enfermedades; él puso las manos sobre cada uno de ellos y los sanó. Además, de muchas personas salían demonios que gritaban: «¡Tú eres el Hijo de Dios!» Pero él los reprendía y no los dejaba hablar porque sabían que él era el Cristo.

Cuando amaneció, Jesús salió y se fue a un lugar solitario. La gente andaba buscándolo, y cuando llegaron adonde él estaba, procuraban detenerlo para que no se fuera. Pero él les dijo: «Es preciso que anuncie también a los demás pueblos las buenas nuevas del reino de Dios, porque para esto fui enviado.»

Y siguió predicando en las sinagogas de los judíos.

Un día estaba Jesús a orillas del lago de Genesaret, y la gente lo apretujaba para escuchar el mensaje de Dios. Entonces vio dos barcas que los pescadores habían dejado en la playa mientras lavaban las redes. Subió a una de las barcas, que pertenecía a Simón, y le pidió que la alejara un poco de la orilla. Luego se sentó, y enseñaba a la gente desde la barca.

Cuando acabó de hablar, le dijo a Simón:

—Lleva la barca hacia aguas más profundas, y echen allí las redes para pescar.

—Maestro, hemos estado trabajando duro toda la noche y no hemos pescado nada —le contestó Simón—. Pero como tú me lo mandas, echaré las redes.

Así lo hicieron, y recogieron una cantidad tan grande de peces que las redes se les rompían. Entonces llamaron por señas a sus compañeros de la otra barca para que los ayudaran. Ellos se acercaron y llenaron tanto las dos barcas que comenzaron a hundirse.

Al ver esto, Simón Pedro cayó de rodillas delante de Jesús y le dijo:

—¡Apártate de mí, Señor; soy un pecador!

Es que él y todos sus compañeros estaban asombrados ante la pesca que habían hecho, como también lo estaban Jacobo y Juan, hijos de Zebedeo, que eran socios de Simón.

—No temas; desde ahora serás pescador de hombres —le dijo Jesús a Simón.

Así que llevaron las barcas a tierra y, dejándolo todo, siguieron a Jesús.

En otra ocasión, cuando Jesús estaba en un pueblo, se presentó un hombre cubierto de lepra. Al ver a Jesús, cayó rostro en tierra y le suplicó:

—Señor, si quieres, puedes limpiarme.

Jesús extendió la mano y tocó al hombre.

—Sí quiero —le dijo—. ¡Queda limpio!

Y al instante se le quitó la lepra.

—No se lo digas a nadie —le ordenó Jesús—; sólo ve, preséntate al sacerdote y lleva por tu purificación lo que ordenó Moisés, para que sirva de testimonio.

Sin embargo, la fama de Jesús se extendía cada vez más, de modo que acudían a él multitudes para oírlo y para que los sanara de sus enfermedades. Él, por su parte, solía retirarse a lugares solitarios para orar.

Un día, mientras enseñaba, estaban sentados allí algunos fariseos y maestros de la ley que habían venido de todas las aldeas de Galilea y Judea, y también de Jerusalén. Y el poder del Señor estaba con él para sanar a los enfermos. Entonces llegaron unos hombres que llevaban en una camilla a un paralítico. Procuraron entrar para ponerlo delante de Jesús, pero no pudieron a causa de la multitud. Así que subieron a la azotea y, separando las tejas, lo bajaron en la camilla hasta ponerlo en medio de la gente, frente a Jesús.

Al ver la fe de ellos, Jesús dijo:

—Amigo, tus pecados quedan perdonados.

Los fariseos y los maestros de la ley comenzaron a pensar: «¿Quién es éste que dice blasfemias? ¿Quién puede perdonar pecados sino sólo Dios?»

Pero Jesús supo lo que estaban pensando y les dijo:

—¿Por qué razonan así? ¿Qué es más fácil decir: "Tus pecados quedan perdonados", o "Levántate y anda"? Pues para que sepan que el Hijo del hombre tiene autoridad en la tierra para perdonar pecados —se dirigió entonces al paralítico—: A ti te digo, levántate, toma tu camilla y vete a tu casa.

Al instante se levantó a la vista de todos, tomó la camilla en que había estado acostado, y se fue a su casa alabando a Dios. Todos quedaron asombrados y ellos también alababan a Dios. Estaban llenos de temor y decían: «Hoy hemos visto maravillas.»

Después de esto salió Jesús y se fijó en un recaudador de impuestos llamado Leví, sentado a la mesa donde cobraba.

—Sígueme —le dijo Jesús.

Y Leví se levantó, lo dejó todo y lo siguió.

Luego Leví le ofreció a Jesús un gran banquete en su casa, y había allí un grupo numeroso de recaudadores de impuestos y otras personas que estaban comiendo con ellos. Pero los fariseos y los maestros de la ley que eran de la misma secta les reclamaban a los discípulos de Jesús:

—¿Por qué comen y beben ustedes con recaudadores de impuestos y pecadores?

—No son los sanos los que necesitan médico sino los enfermos —les contestó Jesús—. No he venido a llamar a justos sino a pecadores para que se arrepientan.

Algunos dijeron a Jesús:

—Los discípulos de Juan ayunan y oran con frecuencia, lo mismo que los discípulos de los fariseos, pero los tuyos se la pasan comiendo y bebiendo.

Jesús les replicó:

—¿Acaso pueden obligar a los invitados del novio a que ayunen mientras él está con ellos? Llegará el día en que se les quitará el novio; en aquellos días sí ayunarán.

Les contó esta parábola:

—Nadie quita un retazo de un vestido nuevo para remendar un vestido viejo. De hacerlo así, habrá rasgado el vestido nuevo, y el retazo nuevo no hará juego con el vestido viejo. Ni echa nadie vino nuevo en odres viejos. De hacerlo así, el vino nuevo hará reventar los odres, se derramará el vino y los odres se arruinarán. Más bien, el vino nuevo debe echarse en odres nuevos. Y nadie que haya bebido vino añejo quiere el nuevo, porque dice: "El añejo es mejor."

Un sábado, al pasar Jesús por los sembrados, sus discípulos se pusieron a arrancar unas espigas de trigo, y las desgranaban para comérselas. Por eso algunos de los fariseos les dijeron:

—¿Por qué hacen ustedes lo que está prohibido hacer en sábado?

Jesús les contestó:

—¿Nunca han leído lo que hizo David en aquella ocasión en que él y sus compañeros tuvieron hambre? Entró en la casa de Dios y, tomando los panes consagrados a Dios, comió lo que sólo a los sacerdotes les es permitido comer. Y les dio también a sus compañeros.

Entonces añadió:

—El Hijo del hombre es Señor del sábado.

Otro sábado entró en la sinagoga y comenzó a enseñar. Había allí un hombre que tenía la mano derecha paralizada; así que los maestros de la ley y los fariseos, buscando un motivo para acusar a Jesús, no le quitaban la vista de encima para ver si sanaría en sábado. Pero Jesús, que sabía lo que estaban pensando, le dijo al hombre de la mano paralizada:

—Levántate y ponte frente a todos.

Así que el hombre se puso de pie. Entonces Jesús dijo a los otros:

—Voy a hacerles una pregunta: ¿Qué está permitido hacer en sábado: hacer el bien o el mal, salvar una vida o destruirla?

Jesús se quedó mirando a todos los que lo rodeaban, y le dijo al hombre:

—Extiende la mano.

Así lo hizo, y la mano le quedó restablecida. Pero ellos se enfurecieron y comenzaron a discutir qué podrían hacer contra Jesús.

Por aquel tiempo se fue Jesús a la montaña a orar, y pasó toda la noche en oración a Dios. Al llegar la mañana, llamó a sus discípulos y escogió a doce de ellos, a los que nombró apóstoles: Simón (a quien llamó Pedro), su hermano Andrés, Jacobo, Juan, Felipe, Bartolomé, Mateo, Tomás, Jacobo hijo de Alfeo, Simón, al que llamaban el Zelote, Judas hijo de Jacobo, y Judas Iscariote, que llegó a ser el traidor.

Luego bajó con ellos y se detuvo en un llano. Había allí una gran multitud de sus discípulos y mucha gente de toda Judea, de Jerusalén y de la costa de Tiro y Sidón, que habían llegado para oírlo y para que los sanara de sus enfermedades. Los que eran atormentados por espíritus malignos quedaban liberados; así que toda la gente procuraba tocarlo, porque de él salía poder que sanaba a todos.

Él entonces dirigió la mirada a sus discípulos y dijo:

«Dichosos ustedes los pobres,
porque el reino de Dios les pertenece.

Dichosos ustedes que ahora pasan hambre,
porque serán saciados.

Dichosos ustedes que ahora lloran,
porque luego habrán de reír.

Dichosos ustedes cuando los odien,
cuando los discriminen, los insulten y los desprestigien
por causa del Hijo del hombre.

»Alégrense en aquel día y salten de gozo, pues miren que les espera una gran recompensa en el cielo. Dense cuenta de que los antepasados de esta gente trataron así a los profetas.

»Pero ¡ay de ustedes los ricos,
porque ya han recibido su consuelo!

¡Ay de ustedes los que ahora están saciados,
porque sabrán lo que es pasar hambre!

¡Ay de ustedes los que ahora ríen,
porque sabrán lo que es derramar lágrimas!

¡Ay de ustedes cuando todos los elogien!
Dense cuenta de que los antepasados
de esta gente trataron así a los falsos profetas.

»Pero a ustedes que me escuchan les digo: Amen a sus enemigos, hagan bien a quienes los odian, bendigan a quienes los maldicen, oren por quienes los maltratan. Si alguien te pega en una mejilla, vuélvele también la otra. Si alguien te quita la camisa, no le impidas que se lleve también la capa. Dale a todo el que te pida, y si alguien se lleva lo que es tuyo, no se lo reclames. Traten a los demás tal y como quieren que ellos los traten a ustedes.

»¿Qué mérito tienen ustedes al amar a quienes los aman? Aun los pecadores lo hacen así. ¿Y qué mérito tienen ustedes al hacer bien a quienes les hacen bien? Aun los pecadores actúan así. ¿Y qué mérito tienen ustedes al dar prestado a quienes pueden corresponderles? Aun los pecadores se prestan entre sí, esperando recibir el mismo trato. Ustedes, por el contrario, amen a sus enemigos, háganles bien y denles prestado sin esperar nada a cambio. Así tendrán una gran recompensa y serán hijos del Altísimo, porque él es bondadoso con los ingratos y malvados. Sean compasivos, así como su Padre es compasivo.

»No juzguen, y no se les juzgará. No condenen, y no se les condenará. Perdonen, y se les perdonará. Den, y se les dará: se les echará en el regazo una medida llena, apretada, sacudida y desbordante. Porque con la medida que midan a otros, se les medirá a ustedes.»

También les contó esta parábola: «¿Acaso puede un ciego guiar a otro ciego? ¿No caerán ambos en el hoyo? El discípulo no está por encima de su maestro, pero todo el que haya completado su aprendizaje, a lo sumo llega al nivel de su maestro.

»¿Por qué te fijas en la astilla que tiene tu hermano en el ojo y no le das importancia a la viga que tienes en el tuyo? ¿Cómo puedes decirle a tu hermano: "Hermano, déjame sacarte la astilla del ojo", cuando tú mismo no te das cuenta de la viga en el tuyo? ¡Hipócrita! Saca primero la viga de tu propio ojo, y entonces verás con claridad para sacar la astilla del ojo de tu hermano.

»Ningún árbol bueno da fruto malo; tampoco da buen fruto el árbol malo. A cada árbol se le reconoce por su propio fruto. No se recogen higos de los espinos ni se cosechan uvas de las zarzas. El que es bueno, de la bondad que atesora en el corazón produce el bien; pero el que es malo, de su maldad produce el mal, porque de lo que abunda en el corazón habla la boca.

»¿Por qué me llaman ustedes "Señor, Señor", y no hacen lo que les digo? Voy a decirles a quién se parece todo el que viene a mí, y oye mis palabras y las pone en práctica: Se parece a un hombre que, al construir una casa, cavó bien hondo y puso el cimiento sobre la roca. De manera que cuando vino una inundación, el torrente azotó aquella casa, pero no pudo ni siquiera hacerla tambalear porque estaba bien construida. Pero el que oye mis palabras y no las pone en práctica se parece a un hombre que construyó una casa sobre tierra y sin cimientos. Tan pronto como la azotó el torrente, la casa se derrumbó, y el desastre fue terrible.»

Cuando terminó de hablar al pueblo, Jesús entró en Capernaúm. Había allí un centurión, cuyo siervo, a quien él estimaba mucho, estaba enfermo, a punto de morir. Como oyó hablar de Jesús, el centurión mandó a unos dirigentes de los judíos a pedirle que fuera a sanar a su siervo. Cuando llegaron ante Jesús, le rogaron con insistencia:

—Este hombre merece que le concedas lo que te pide: aprecia tanto a nuestra nación, que nos ha construido una sinagoga.

Así que Jesús fue con ellos. No estaba lejos de la casa cuando el centurión mandó unos amigos a decirle:

—Señor, no te tomes tanta molestia, pues no merezco que entres bajo mi techo. Por eso ni siquiera me atreví a presentarme ante ti. Pero con una sola palabra que digas, quedará sano mi siervo. Yo mismo obedezco órdenes superiores y, además, tengo soldados bajo mi autoridad. Le digo a uno: "Ve", y va, y al otro: "Ven", y viene. Le digo a mi siervo: "Haz esto", y lo hace.

Al oírlo, Jesús se asombró de él y, volviéndose a la multitud que lo seguía, comentó:

—Les digo que ni siquiera en Israel he encontrado una fe tan grande.

Al regresar a casa, los enviados encontraron sano al siervo.

Poco después Jesús, en compañía de sus discípulos y de una gran multitud, se dirigió a un pueblo llamado Naín. Cuando ya se acercaba a las puertas del pueblo, vio que sacaban de allí a un muerto, hijo único de madre viuda. La acompañaba un grupo grande de la población. Al verla, el Señor se compadeció de ella y le dijo:

—No llores.

Entonces se acercó y tocó el féretro. Los que lo llevaban se detuvieron, y Jesús dijo:

—Joven, ¡te ordeno que te levantes!

El muerto se incorporó y comenzó a hablar, y Jesús se lo entregó a su madre. Todos se llenaron de temor y alababan a Dios.

—Ha surgido entre nosotros un gran profeta —decían—. Dios ha venido en ayuda de su pueblo.

Así que esta noticia acerca de Jesús se divulgó por toda Judea y por todas las regiones vecinas.

Los discípulos de Juan le contaron todo esto. Él llamó a dos de ellos y los envió al Señor a preguntarle:

—¿Eres tú el que ha de venir, o debemos esperar a otro?

Cuando se acercaron a Jesús, ellos le dijeron:

—Juan el Bautista nos ha enviado a preguntarte: "¿Eres tú el que ha de venir, o debemos esperar a otro?"

En ese mismo momento Jesús sanó a muchos que tenían enfermedades, dolencias y espíritus malignos, y les dio la vista a muchos ciegos. Entonces les respondió a los enviados:

—Vayan y cuéntenle a Juan lo que han visto y oído: Los ciegos ven, los cojos andan, los que tienen lepra son sanados, los sordos oyen, los muertos resucitan y a los pobres se les anuncian las buenas nuevas. Dichoso el que no tropieza por causa mía.

Cuando se fueron los enviados, Jesús comenzó a hablarle a la multitud acerca de Juan: «¿Qué salieron a ver al desierto? ¿Una caña sacudida por el viento? Si no, ¿qué salieron a ver? ¿A un hombre vestido con ropa fina? Claro que no, pues los que se visten ostentosamente y llevan una vida de lujo están en los palacios reales. Entonces, ¿qué salieron a ver? ¿A un profeta? Sí, les digo, y más que profeta. Éste es de quien está escrito:

> »"Yo estoy por enviar a mi mensajero delante de ti,
> el cual preparará el camino."

Les digo que entre los mortales no ha habido nadie más grande que Juan; sin embargo, el más pequeño en el reino de Dios es más grande que él.»

Al oír esto, todo el pueblo, y hasta los recaudadores de impuestos, reconocieron que el camino de Dios era justo, y fueron bautizados por Juan. Pero los fariseos y los expertos en la ley no se hicieron bautizar por Juan, rechazando así el propósito de Dios respecto a ellos.

«Entonces, ¿con qué puedo comparar a la gente de esta generación? ¿A quién se parecen ellos? Se parecen a niños sentados en la plaza que se gritan unos a otros:

> »"Tocamos la flauta,
> y ustedes no bailaron;
>
> entonamos un canto fúnebre,
> y ustedes no lloraron."

Porque vino Juan el Bautista, que no comía pan ni bebía vino, y ustedes dicen: "Tiene un demonio." Vino el Hijo del hombre, que come y bebe, y ustedes dicen: "Éste es un glotón y un borracho, amigo de recaudadores de impuestos y de pecadores." Pero la sabiduría queda demostrada por los que la siguen.»

Uno de los fariseos invitó a Jesús a comer, así que fue a la casa del fariseo y se sentó a la mesa. Ahora bien, vivía en aquel pueblo una mujer que tenía fama de pecadora. Cuando ella se enteró de que Jesús estaba comiendo en casa del fariseo, se presentó con un frasco de alabastro lleno de perfume. Llorando, se arrojó a los pies de Jesús, de manera que se los bañaba en lágrimas. Luego se los secó con los cabellos; también se los besaba y se los ungía con el perfume.

Al ver esto, el fariseo que lo había invitado dijo para sí: «Si este hombre fuera profeta, sabría quién es la que lo está tocando, y qué clase de mujer es: una pecadora.»

Entonces Jesús le dijo a manera de respuesta:

—Simón, tengo algo que decirte.

—Dime, Maestro —respondió.

—Dos hombres le debían dinero a cierto prestamista. Uno le debía quinientas monedas de plata, y el otro cincuenta. Como no tenían con qué pagarle, les perdonó la deuda a los dos. Ahora bien, ¿cuál de los dos lo amará más?

—Supongo que aquel a quien más le perdonó —contestó Simón.

—Has juzgado bien —le dijo Jesús.

Luego se volvió hacia la mujer y le dijo a Simón:

—¿Ves a esta mujer? Cuando entré en tu casa, no me diste agua para los pies, pero ella me ha bañado los pies en lágrimas y me los ha secado con sus cabellos. Tú no me besaste, pero ella, desde que entré, no ha dejado de besarme los pies. Tú no me ungiste la cabeza con aceite, pero ella me ungió los pies con perfume. Por esto te digo: si ella ha amado mucho, es que sus muchos pecados le han sido perdonados. Pero a quien poco se le perdona, poco ama.

Entonces le dijo Jesús a ella:

—Tus pecados quedan perdonados.

Los otros invitados comenzaron a decir entre sí: «¿Quién es éste, que hasta perdona pecados?»

—Tu fe te ha salvado —le dijo Jesús a la mujer—; vete en paz.

Después de esto, Jesús estuvo recorriendo los pueblos y las aldeas, proclamando las buenas nuevas del reino de Dios. Lo acompañaban los doce, y también algunas mujeres que habían sido sanadas de espíritus malignos y de enfermedades: María, a la que llamaban Magdalena, y de la que habían salido siete demonios; Juana, esposa de Cuza, el administrador de Herodes; Susana y muchas más que los ayudaban con sus propios recursos.

De cada pueblo salía gente para ver a Jesús, y cuando se reunió una gran multitud, él les contó esta parábola: «Un sembrador salió a sembrar. Al esparcir la semilla, una parte cayó junto al camino; fue pisoteada, y los pájaros se la comieron. Otra parte cayó sobre las piedras y, cuando brotó, las plantas se secaron por falta de humedad. Otra parte cayó entre espinos que, al crecer junto con la semilla, la ahogaron. Pero otra parte cayó en buen terreno; así que brotó y produjo una cosecha del ciento por uno.»

Dicho esto, exclamó: «El que tenga oídos para oír, que oiga.»

Sus discípulos le preguntaron cuál era el significado de esta parábola. «A ustedes se les ha concedido que conozcan los secretos del reino de Dios —les contestó—; pero a los demás se les habla por medio de parábolas para que

»"aunque miren, no vean;
aunque oigan, no entiendan".

»Éste es el significado de la parábola: La semilla es la palabra de Dios. Los que están junto al camino son los que oyen, pero luego viene el diablo y les quita la palabra del corazón, no sea que crean y se salven. Los que están sobre las piedras son los que reciben la palabra con alegría cuando la oyen, pero no tienen raíz. Éstos creen por algún tiempo, pero se apartan cuando llega la prueba. La parte que cayó entre espinos son los que oyen, pero, con el correr del tiempo, los ahogan las preocupaciones, las riquezas y los placeres de esta vida, y no maduran. Pero la parte que cayó en buen terreno son los que oyen la palabra con corazón noble y bueno, y la retienen; y como perseveran, producen una buena cosecha.

»Nadie enciende una lámpara para después cubrirla con una vasija o ponerla debajo de la cama, sino para ponerla en una repisa, a fin de que los que entren tengan luz. No hay nada escondido que no llegue a descubrirse, ni nada oculto que no llegue a conocerse públicamente. Por lo tanto, pongan mucha atención. Al que tiene, se le dará más; al que no tiene, hasta lo que cree tener se le quitará.»

La madre y los hermanos de Jesús fueron a verlo, pero como había mucha gente, no lograban acercársele.

—Tu madre y tus hermanos están afuera y quieren verte —le avisaron.

Pero él les contestó:

—Mi madre y mis hermanos son los que oyen la palabra de Dios y la ponen en práctica.

Un día subió Jesús con sus discípulos a una barca.

—Crucemos al otro lado del lago —les dijo.

Así que partieron, y mientras navegaban, él se durmió. Entonces se desató una tormenta sobre el lago, de modo que la barca comenzó a inundarse y corrían gran peligro.

Los discípulos fueron a despertarlo.

—¡Maestro, Maestro, nos vamos a ahogar! —gritaron.

Él se levantó y reprendió al viento y a las olas; la tormenta se apaciguó y todo quedó tranquilo.

—¿Dónde está la fe de ustedes? —les dijo a sus discípulos.

Con temor y asombro ellos se decían unos a otros: «¿Quién es éste, que manda aun a los vientos y al agua, y le obedecen?»

Navegaron hasta la región de los gerasenos, que está al otro lado del lago, frente a Galilea. Al desembarcar Jesús, un endemoniado que venía del pueblo le salió al encuentro. Hacía mucho tiempo que este hombre no se vestía; tampoco vivía en una casa sino en los sepulcros. Cuando vio a Jesús, dio un grito y se arrojó a sus pies. Entonces exclamó con fuerza:

—¿Por qué te entrometes, Jesús, Hijo del Dios Altísimo? ¡Te ruego que no me atormentes!

Es que Jesús le había ordenado al espíritu maligno que saliera del hombre. Se había apoderado de él muchas veces y, aunque le sujetaban los pies y las manos con cadenas y lo mantenían bajo custodia, rompía las cadenas y el demonio lo arrastraba a lugares solitarios.

—¿Cómo te llamas? —le preguntó Jesús.

—Legión —respondió, ya que habían entrado en él muchos demonios.

Y éstos le suplicaban a Jesús que no los mandara al abismo. Como había una manada grande de cerdos paciendo en la colina, le rogaron a Jesús que los dejara entrar en ellos. Así que él les dio permiso. Y cuando los demonios salieron del hombre, entraron en los cerdos, y la manada se precipitó al lago por el despeñadero y se ahogó.

Al ver lo sucedido, los que cuidaban los cerdos huyeron y dieron la noticia en el pueblo y por los campos, y la gente salió a ver lo que había pasado. Llegaron a donde estaba Jesús y encontraron, sentado a sus pies, al hombre de quien habían salido los demonios. Cuando lo vieron vestido y en su sano juicio, tuvieron miedo. Los que habían presenciado estas cosas le contaron a la gente cómo el endemoniado había sido sanado. Entonces toda la gente de la región de los gerasenos le pidió a Jesús que se fuera de allí, porque les había entrado mucho miedo. Así que él subió a la barca para irse.

Ahora bien, el hombre de quien habían salido los demonios le rogaba que le permitiera acompañarlo, pero Jesús lo despidió y le dijo:

—Vuelve a tu casa y cuenta todo lo que Dios ha hecho por ti.

Así que el hombre se fue y proclamó por todo el pueblo lo mucho que Jesús había hecho por él.

Cuando Jesús regresó, la multitud se alegró de verlo, pues todos estaban esperándolo. En esto llegó un hombre llamado Jairo, que era un jefe de la sinagoga. Arrojándose a los pies de Jesús, le suplicaba que fuera a su casa, porque su única hija, de unos doce años, se estaba muriendo.

Jesús se puso en camino y las multitudes lo apretujaban. Había entre la gente una mujer que hacía doce años padecía de hemorragias, sin que nadie pudiera sanarla. Ella se le acercó por detrás y le tocó el borde del manto, y al instante cesó su hemorragia.

—¿Quién me ha tocado? —preguntó Jesús.

Como todos negaban haberlo tocado, Pedro le dijo:

—Maestro, son multitudes las que te aprietan y te oprimen.

—No, alguien me ha tocado —replicó Jesús—; yo sé que de mí ha salido poder.

La mujer, al ver que no podía pasar inadvertida, se acercó temblando y se arrojó a sus pies. En presencia de toda la gente, contó por qué lo había tocado y cómo había sido sanada al instante.

—Hija, tu fe te ha sanado —le dijo Jesús—. Vete en paz.

Todavía estaba hablando Jesús, cuando alguien llegó de la casa de Jairo, jefe de la sinagoga, para decirle:

—Tu hija ha muerto. No molestes más al Maestro.

Al oír esto, Jesús le dijo a Jairo:

—No tengas miedo; cree nada más, y ella será sanada.

Cuando llegó a la casa de Jairo, no dejó que nadie entrara con él, excepto Pedro, Juan y Jacobo, y el padre y la madre de la niña. Todos estaban llorando, muy afligidos por ella.

—Dejen de llorar —les dijo Jesús—. No está muerta sino dormida.

Entonces ellos empezaron a burlarse de él porque sabían que estaba muerta. Pero él la tomó de la mano y le dijo:

—¡Niña, levántate!

Recobró la vida y al instante se levantó. Jesús mandó darle de comer. Los padres se quedaron atónitos, pero él les advirtió que no contaran a nadie lo que había sucedido.

Habiendo reunido a los doce, Jesús les dio poder y autoridad para expulsar a todos los demonios y para sanar enfermedades. Entonces los envió a predicar el reino de Dios y a sanar a los enfermos. «No lleven nada para el camino: ni bastón, ni bolsa, ni pan, ni dinero, ni dos mudas de ropa —les dijo—. En cualquier casa que entren, quédense allí hasta que salgan del pueblo. Si no los reciben bien, al salir de ese pueblo, sacúdanse el polvo de los pies como un testimonio contra sus habitantes.» Así que partieron y fueron por todas partes de pueblo en pueblo, predicando el evangelio y sanando a la gente.

Herodes el tetrarca se enteró de todo lo que estaba sucediendo. Estaba perplejo porque algunos decían que Juan había resucitado; otros, que se había aparecido Elías; y otros, en fin, que había resucitado alguno de los antiguos profetas. Pero Herodes dijo: «A Juan mandé que le cortaran la cabeza; ¿quién es, entonces, éste de quien oigo tales cosas?» Y procuraba verlo.

Cuando regresaron los apóstoles, le relataron a Jesús lo que habían hecho. Él se los llevó consigo y se retiraron solos a un pueblo llamado Betsaida, pero la gente se enteró y lo siguió. Él los recibió y les habló del reino de Dios. También sanó a los que lo necesitaban.

Al atardecer se le acercaron los doce y le dijeron:

—Despide a la gente, para que vaya a buscar alojamiento y comida en los campos y pueblos cercanos, pues donde estamos no hay nada.

—Denles ustedes mismos de comer —les dijo Jesús.

—No tenemos más que cinco panes y dos pescados, a menos que vayamos a comprar comida para toda esta gente —objetaron ellos, porque había allí unos cinco mil hombres.

Pero Jesús dijo a sus discípulos:

—Hagan que se sienten en grupos como de cincuenta cada uno.

Así lo hicieron los discípulos, y se sentaron todos. Entonces Jesús tomó los cinco panes y los dos pescados, y mirando al cielo, los bendijo. Luego los partió y se los dio a los discípulos para que se los repartieran a la gente. Todos comieron hasta quedar satisfechos, y de los pedazos que sobraron se recogieron doce canastas.

Un día cuando Jesús estaba orando para sí, estando allí sus discípulos, les preguntó:

—¿Quién dice la gente que soy yo?

—Unos dicen que Juan el Bautista, otros que Elías, y otros que uno de los antiguos profetas ha resucitado —respondieron.

—Y ustedes, ¿quién dicen que soy yo?

—El Cristo de Dios —afirmó Pedro.

Jesús les ordenó terminantemente que no dijeran esto a nadie. Y les dijo:

—El Hijo del hombre tiene que sufrir muchas cosas y ser rechazado por los ancianos, los jefes de los sacerdotes y los maestros de la ley. Es necesario que lo maten y que resucite al tercer día.

Dirigiéndose a todos, declaró:

—Si alguien quiere ser mi discípulo, que se niegue a sí mismo, lleve su cruz cada día y me siga. Porque el que quiera salvar su vida, la perderá; pero el que pierda su vida por mi causa, la salvará. ¿De qué le sirve a uno ganar el mundo entero si se pierde o se destruye a sí mismo? Si alguien se avergüenza de mí y de mis palabras, el Hijo del hombre se avergonzará de él cuando venga en su gloria y en la gloria del Padre y de los santos ángeles. Además, les aseguro que algunos de los aquí presentes no sufrirán la muerte sin antes haber visto el reino de Dios.

Unos ocho días después de decir esto, Jesús, acompañado de Pedro, Juan y Jacobo, subió a una montaña a orar. Mientras oraba, su rostro se transformó, y su ropa se tornó blanca y radiante. Y aparecieron dos personajes —Moisés y Elías— que conversaban con Jesús. Tenían un aspecto glorioso, y hablaban de la partida de Jesús, que él estaba por llevar a cabo en Jerusalén. Pedro y sus compañeros estaban rendidos de sueño, pero cuando se despabilaron, vieron su gloria y a los dos personajes que estaban con él. Mientras éstos se apartaban de Jesús, Pedro, sin saber lo que estaba diciendo, propuso:

—Maestro, ¡qué bien que estemos aquí! Podemos levantar tres albergues: uno para ti, otro para Moisés y otro para Elías.

Estaba hablando todavía cuando apareció una nube que los envolvió, de modo que se asustaron. Entonces salió de la nube una voz que dijo: «Éste es mi Hijo, mi escogido; escúchenlo.» Después de oírse la voz, Jesús quedó solo. Los discípulos guardaron esto en secreto, y por algún tiempo a nadie contaron nada de lo que habían visto.

Al día siguiente, cuando bajaron de la montaña, le salió al encuentro mucha gente. Y un hombre de entre la multitud exclamó:

—Maestro, te ruego que atiendas a mi hijo, pues es el único que tengo. Resulta que un espíritu se posesiona de él, y de repente el muchacho se pone a gritar; también lo sacude con violencia y hace que eche espumarajos. Cuando lo atormenta, a duras penas lo suelta. Ya les rogué a tus discípulos que lo expulsaran, pero no pudieron.

—¡Ah, generación incrédula y perversa! —respondió Jesús—. ¿Hasta cuándo tendré que estar con ustedes y soportarlos? Trae acá a tu hijo.

Estaba acercándose el muchacho cuando el demonio lo derribó con una convulsión. Pero Jesús reprendió al espíritu maligno, sanó al muchacho y se lo devolvió al padre. Y todos se quedaron asombrados de la grandeza de Dios.

En medio de tanta admiración por todo lo que hacía, Jesús dijo a sus discípulos:

—Presten mucha atención a lo que les voy a decir: El Hijo del hombre va a ser entregado en manos de los hombres.

Pero ellos no entendían lo que quería decir con esto. Les estaba encubierto para que no lo comprendieran, y no se atrevían a preguntárselo.

Surgió entre los discípulos una discusión sobre quién de ellos sería el más importante. Como Jesús sabía bien lo que pensaban, tomó a un niño y lo puso a su lado.

—El que recibe en mi nombre a este niño —les dijo—, me recibe a mí; y el que me recibe a mí, recibe al que me envió. El que es más insignificante entre todos ustedes, ése es el más importante.

—Maestro —intervino Juan—, vimos a un hombre que expulsaba demonios en tu nombre; pero como no anda con nosotros, tratamos de impedírselo.

—No se lo impidan —les replicó Jesús—, porque el que no está contra ustedes está a favor de ustedes.

Como se acercaba el tiempo de que fuera llevado al cielo, Jesús se hizo el firme propósito de ir a Jerusalén. Envió por delante mensajeros, que entraron en un pueblo samaritano para prepararle alojamiento; pero allí la gente no quiso recibirlo porque se dirigía a Jerusalén. Cuando los discípulos Jacobo y Juan vieron esto, le preguntaron:

—Señor, ¿quieres que hagamos caer fuego del cielo para que los destruya?

Pero Jesús se volvió a ellos y los reprendió. Luego siguieron la jornada a otra aldea.

Iban por el camino cuando alguien le dijo:

—Te seguiré a dondequiera que vayas.

—Las zorras tienen madrigueras y las aves tienen nidos —le respondió Jesús—, pero el Hijo del hombre no tiene dónde recostar la cabeza.

A otro le dijo:

—Sígueme.

—Señor —le contestó—, primero déjame ir a enterrar a mi padre.

—Deja que los muertos entierren a sus propios muertos, pero tú ve y proclama el reino de Dios —le replicó Jesús.

Otro afirmó:

—Te seguiré, Señor; pero primero déjame despedirme de mi familia.

Jesús le respondió:

—Nadie que mire atrás después de poner la mano en el arado es apto para el reino de Dios.

Después de esto, el Señor escogió a otros setenta y dos para enviarlos de dos en dos delante de él a todo pueblo y lugar a donde él pensaba ir. «Es abundante la cosecha —les dijo—, pero son pocos los obreros. Pídanle, por tanto, al Señor de la cosecha que mande obreros a su campo. ¡Vayan ustedes! Miren que los envío como corderos en medio de lobos. No lleven monedero ni bolsa ni sandalias; ni se detengan a saludar a nadie por el camino.

»Cuando entren en una casa, digan primero: "Paz a esta casa." Si hay allí alguien digno de paz, gozará de ella; y si no, la bendición no se cumplirá. Quédense en esa casa, y coman y beban de lo que ellos tengan, porque el trabajador tiene derecho a su sueldo. No anden de casa en casa.

»Cuando entren en un pueblo y los reciban, coman lo que les sirvan. Sanen a los enfermos que encuentren allí y díganles: "El reino de Dios ya está cerca de ustedes." Pero cuando entren en un pueblo donde no los reciban, salgan a las plazas y digan: "Aun el polvo de este pueblo, que se nos ha pegado a los pies, nos lo sacudimos en protesta contra ustedes. Pero tengan por seguro que ya está cerca el reino de Dios." Les digo que en aquel día será más tolerable el castigo para Sodoma que para ese pueblo.

»¡Ay de ti, Corazín! ¡Ay de ti, Betsaida! Si se hubieran hecho en Tiro y en Sidón los milagros que se hicieron en medio de ustedes, ya hace tiempo que se habrían arrepentido con grandes lamentos. Pero en el juicio será más tolerable el castigo para Tiro y Sidón que para ustedes. Y tú, Capernaúm, ¿acaso serás levantada hasta el cielo? No, sino que descenderás hasta el abismo.

»El que los escucha a ustedes, me escucha a mí; el que los rechaza a ustedes, me rechaza a mí; y el que me rechaza a mí, rechaza al que me envió.»

Cuando los setenta y dos regresaron, dijeron contentos:

—Señor, hasta los demonios se nos someten en tu nombre.

—Yo veía a Satanás caer del cielo como un rayo —respondió él—. Sí, les he dado autoridad a ustedes para pisotear serpientes y escorpiones y vencer todo el poder del enemigo; nada les podrá hacer daño. Sin embargo, no se alegren de que puedan someter a los espíritus, sino alégrense de que sus nombres están escritos en el cielo.

En aquel momento Jesús, lleno de alegría por el Espíritu Santo, dijo: «Te alabo, Padre, Señor del cielo y de la tierra, porque habiendo escondido estas cosas de los sabios e instruidos, se las has revelado a los que son como niños. Sí, Padre, porque esa fue tu buena voluntad.

»Mi Padre me ha entregado todas las cosas. Nadie sabe quién es el Hijo, sino el Padre, y nadie sabe quién es el Padre, sino el Hijo y aquel a quien el Hijo quiera revelárselo.»

Volviéndose a sus discípulos, les dijo aparte: «Dichosos los ojos que ven lo que ustedes ven. Les digo que muchos profetas y reyes quisieron ver lo que ustedes ven, pero no lo vieron; y oír lo que ustedes oyen, pero no lo oyeron.»

En esto se presentó un experto en la ley y, para poner a prueba a Jesús, le hizo esta pregunta:

—Maestro, ¿qué tengo que hacer para heredar la vida eterna?

Jesús replicó:

—¿Qué está escrito en la ley? ¿Cómo la interpretas tú?

Como respuesta el hombre citó:

—"Ama al Señor tu Dios con todo tu corazón, con todo tu ser, con todas tus fuerzas y con toda tu mente", y: "Ama a tu prójimo como a ti mismo."

—Bien contestado —le dijo Jesús—. Haz eso y vivirás.

Pero él quería justificarse, así que le preguntó a Jesús:

—¿Y quién es mi prójimo?

Jesús respondió:

—Bajaba un hombre de Jerusalén a Jericó, y cayó en manos de unos ladrones. Le quitaron la ropa, lo golpearon y se fueron, dejándolo medio muerto. Resulta que viajaba por el mismo camino un sacerdote quien, al verlo, se desvió y siguió de largo. Así también llegó a aquel lugar un levita, y al verlo, se desvió y siguió de largo. Pero un samaritano que iba de viaje llegó a donde estaba el hombre y, viéndolo, se compadeció de él. Se acercó, le curó las heridas con vino y aceite, y se las vendó. Luego lo montó sobre su propia cabalgadura, lo llevó a un alojamiento y lo cuidó. Al día siguiente, sacó dos monedas de plata y se las dio al dueño del alojamiento. "Cuídemelo —le dijo—, y lo que gaste usted de más, se lo pagaré cuando yo vuelva." ¿Cuál de estos tres piensas que demostró ser el prójimo del que cayó en manos de los ladrones?

—El que se compadeció de él —contestó el experto en la ley.

—Anda entonces y haz tú lo mismo —concluyó Jesús.

Mientras iba de camino con sus discípulos, Jesús entró en una aldea, y una mujer llamada Marta lo recibió en su casa. Tenía ella una hermana llamada María que, sentada a los pies del Señor, escuchaba lo que él decía. Marta, por su parte, se sentía abrumada porque tenía mucho que hacer. Así que se acercó a él y le dijo:

—Señor, ¿no te importa que mi hermana me haya dejado sirviendo sola? ¡Dile que me ayude!

—Marta, Marta —le contestó Jesús—, estás inquieta y preocupada por muchas cosas, pero sólo una es necesaria. María ha escogido la mejor, y nadie se la quitará.

Un día estaba Jesús orando en cierto lugar. Cuando terminó, le dijo uno de sus discípulos:

—Señor, enséñanos a orar, así como Juan enseñó a sus discípulos.

Él les dijo:

—Cuando oren, digan:

»"Padre,

santificado sea tu nombre.

Venga tu reino.

Danos cada día nuestro pan cotidiano.

Perdónanos nuestros pecados,
porque también nosotros perdonamos a todos los que nos ofenden.

Y no nos metas en tentación."

»Supongamos —continuó— que uno de ustedes tiene un amigo, y a mediano-che va y le dice: "Amigo, préstame tres panes, pues se me ha presentado un amigo recién llegado de viaje, y no tengo nada que ofrecerle." Y el que está adentro le contesta: "No me molestes. Ya está cerrada la puerta, y mis hijos y yo estamos acostados. No puedo levantarme a darte nada." Les digo que, aunque no se levante a darle pan por ser amigo suyo, sí se levantará por su impertinencia y le dará cuanto necesite.

»Así que yo les digo: Pidan, y se les dará; busquen, y encontrarán; llamen, y se les abrirá la puerta. Porque todo el que pide, recibe; el que busca, encuentra; y al que llama, se le abre.

»¿Quién de ustedes que sea padre, si su hijo le pide un pescado, le dará en cambio una serpiente? ¿O si le pide un huevo, le dará un escorpión? Pues si ustedes, aun siendo malos, saben dar cosas buenas a sus hijos, ¡cuánto más el Padre celestial dará el Espíritu Santo a quienes se lo pidan!

En otra ocasión Jesús expulsaba de un hombre a un demonio que lo había dejado mudo. Cuando salió el demonio, el mudo habló, y la gente se quedó asombrada. Pero algunos dijeron: «Éste expulsa a los demonios por medio de Beelzebú, príncipe de los demonios.» Otros, para ponerlo a prueba, le pedían una señal del cielo.

Como él conocía sus pensamientos, les dijo: «Todo reino dividido contra sí mismo quedará asolado, y una casa dividida contra sí misma se derrumbará. Por tanto, si Satanás está dividido contra sí mismo, ¿cómo puede mantenerse en pie su reino? Lo pregunto porque ustedes dicen que yo expulso a los demonios por medio de Beelzebú. Ahora bien, si yo expulso a los demonios por medio de Beelzebú, ¿los seguidores de ustedes por medio de quién los expulsan? Por eso ellos mismos los juzgarán a ustedes. Pero si expulso a los demonios con el poder de Dios, eso significa que ha llegado a ustedes el reino de Dios.

»Cuando un hombre fuerte y bien armado cuida su hacienda, sus bienes están seguros. Pero si lo ataca otro más fuerte que él y lo vence, le quita las armas en que confiaba y reparte el botín.

»El que no está de mi parte, está contra mí; y el que conmigo no recoge, esparce.

»Cuando un espíritu maligno sale de una persona, va por lugares áridos buscando un descanso. Y al no encontrarlo, dice: "Volveré a mi casa, de donde salí." Cuando llega, la encuentra barrida y arreglada. Luego va y trae otros siete espíritus más malvados que él, y entran a vivir allí. Así que el estado final de aquella persona resulta peor que el inicial.»

Mientras Jesús decía estas cosas, una mujer de entre la multitud exclamó:

—¡Dichosa la mujer que te dio a luz y te amamantó!

—Dichosos más bien —contestó Jesús— los que oyen la palabra de Dios y la obedecen.

Como crecía la multitud, Jesús se puso a decirles: «Ésta es una generación malvada. Pide una señal milagrosa, pero no se le dará más señal que la de Jonás. Así como Jonás fue una señal para los habitantes de Nínive, también lo será el Hijo del hombre para esta generación. La reina del Sur se levantará en el día del juicio y condenará a esta gente; porque ella vino desde los confines de la tierra para escuchar la sabiduría de Salomón, y aquí tienen ustedes a uno más grande que Salomón. Los ninivitas se levantarán en el día del juicio y condenarán a esta generación; porque ellos se arrepintieron al escuchar la predicación de Jonás, y aquí tienen ustedes a uno más grande que Jonás.

»Nadie enciende una lámpara para luego ponerla en un lugar escondido o cubrirla con un cajón, sino para ponerla en una repisa, a fin de que los que entren tengan luz. Tus ojos son la lámpara de tu cuerpo. Si tu visión es clara, todo tu ser disfrutará de la luz; pero si está nublada, todo tu ser estará en la oscuridad. Asegúrate de que la luz que crees tener no sea oscuridad. Por tanto, si todo tu ser disfruta de la luz, sin que ninguna parte quede en la oscuridad, estarás completamente iluminado, como cuando una lámpara te alumbra con su luz.»

Cuando Jesús terminó de hablar, un fariseo lo invitó a comer con él; así que entró en la casa y se sentó a la mesa. Pero el fariseo se sorprendió al ver que Jesús no había cumplido con el rito de lavarse antes de comer.

—Resulta que ustedes los fariseos —les dijo el Señor—, limpian el vaso y el plato por fuera, pero por dentro están ustedes llenos de codicia y de maldad. ¡Necios! ¿Acaso el que hizo lo de afuera no hizo también lo de adentro? Den más bien a los pobres de lo que está dentro, y así todo quedará limpio para ustedes.

»¡Ay de ustedes, fariseos!, que dan la décima parte de la menta, de la ruda y de toda clase de legumbres, pero descuidan la justicia y el amor de Dios. Debían haber practicado esto, sin dejar de hacer aquello.

»¡Ay de ustedes, fariseos!, que se mueren por los primeros puestos en las sinagogas y los saludos en las plazas.

»¡Ay de ustedes!, que son como tumbas sin lápida, sobre las que anda la gente sin darse cuenta.

Uno de los expertos en la ley le respondió:

—Maestro, al hablar así nos insultas también a nosotros.

Contestó Jesús:

—¡Ay de ustedes también, expertos en la ley! Abruman a los demás con cargas que apenas se pueden soportar, pero ustedes mismos no levantan ni un dedo para ayudarlos.

»¡Ay de ustedes!, que construyen monumentos para los profetas, a quienes los antepasados de ustedes mataron. En realidad aprueban lo que hicieron sus antepasados; ellos mataron a los profetas, y ustedes les construyen los sepulcros. Por eso dijo Dios en su sabiduría: "Les enviaré profetas y apóstoles, de los cuales matarán a unos y perseguirán a otros." Por lo tanto, a esta generación se le pedirán cuentas de la sangre de todos los profetas derramada desde el principio del mundo, desde la sangre de Abel hasta la sangre de Zacarías, el que murió entre el altar y el santuario. Sí, les aseguro que de todo esto se le pedirán cuentas a esta generación.

»¡Ay de ustedes, expertos en la ley!, porque se han adueñado de la llave del conocimiento. Ustedes mismos no han entrado, y a los que querían entrar les han cerrado el paso.

Cuando Jesús salió de allí, los maestros de la ley y los fariseos, resentidos, se pusieron a acosarlo a preguntas. Estaban tendiéndole trampas para ver si fallaba en algo.

Mientras tanto, se habían reunido millares de personas, tantas que se atropellaban unas a otras. Jesús comenzó a hablar, dirigiéndose primero a sus discípulos: «Cuídense de la levadura de los fariseos, o sea, de la hipocresía. No hay nada encubierto que no llegue a revelarse, ni nada escondido que no llegue a conocerse. Así que todo lo que ustedes han dicho en la oscuridad se dará a conocer a plena luz, y lo que han susurrado a puerta cerrada se proclamará desde las azoteas.

»A ustedes, mis amigos, les digo que no teman a los que matan el cuerpo pero después no pueden hacer más. Les voy a enseñar más bien a quién deben temer: teman al que, después de dar muerte, tiene poder para echarlos al infierno. Sí, les aseguro que a él deben temerle. ¿No se venden cinco gorriones por dos monedritas? Sin embargo, Dios no se olvida de ninguno de ellos. Así mismo sucede con ustedes: aun los cabellos de su cabeza están contados. No tengan miedo; ustedes valen más que muchos gorriones.

»Les aseguro que a cualquiera que me reconozca delante de la gente, también el Hijo del hombre lo reconocerá delante de los ángeles de Dios. Pero al que me desconozca delante de la gente se le desconocerá delante de los ángeles de Dios. Y todo el que pronuncie alguna palabra contra el Hijo del hombre será perdonado, pero el que blasfeme contra el Espíritu Santo no tendrá perdón.

»Cuando los hagan comparecer ante las sinagogas, los gobernantes y las autoridades, no se preocupen de cómo van a defenderse o de qué van a decir, porque en ese momento el Espíritu Santo les enseñará lo que deben responder.»

Uno de entre la multitud le pidió:

—Maestro, dile a mi hermano que comparta la herencia conmigo.

—Hombre —replicó Jesús—, ¿quién me nombró a mí juez o árbitro entre ustedes?

»¡Tengan cuidado! —advirtió a la gente—. Absténganse de toda avaricia; la vida de una persona no depende de la abundancia de sus bienes.

Entonces les contó esta parábola:

—El terreno de un hombre rico le produjo una buena cosecha. Así que se puso a pensar: "¿Qué voy a hacer? No tengo dónde almacenar mi cosecha." Por fin dijo: "Ya sé lo que voy a hacer: derribaré mis graneros y construiré otros más grandes, donde pueda almacenar todo mi grano y mis bienes. Y diré: Alma mía, ya tienes bastantes cosas buenas guardadas para muchos años. Descansa, come, bebe y goza de la vida." Pero Dios le dijo: "¡Necio! Esta misma noche te van a reclamar la vida. ¿Y quién se quedará con lo que has acumulado?"

»Así le sucede al que acumula riquezas para sí mismo, en vez de ser rico delante de Dios.

Luego dijo Jesús a sus discípulos:

—Por eso les digo: No se preocupen por su vida, qué comerán; ni por su cuerpo, con qué se vestirán. La vida tiene más valor que la comida, y el cuerpo más que la ropa. Fíjense en los cuervos: no siembran ni cosechan, ni tienen almacén ni granero; sin embargo, Dios los alimenta. ¡Cuánto más valen ustedes que las aves! ¿Quién de ustedes, por mucho que se preocupe, puede añadir una sola hora al curso de su vida? Ya que no pueden hacer algo tan insignificante, ¿por qué se preocupan por lo demás?

»Fíjense cómo crecen los lirios. No trabajan ni hilan; sin embargo, les digo que ni siquiera Salomón, con todo su esplendor, se vestía como uno de ellos. Si así viste Dios a la hierba que hoy está en el campo y mañana es arrojada al horno, ¡cuánto más hará por ustedes, gente de poca fe! Así que no se afanen por lo que han de comer o beber; dejen de atormentarse. El mundo pagano anda tras todas estas cosas, pero el Padre sabe que ustedes las necesitan. Ustedes, por el contrario, busquen el reino de Dios, y estas cosas les serán añadidas.

»No tengan miedo, mi rebaño pequeño, porque es la buena voluntad del Padre darles el reino. Vendan sus bienes y den a los pobres. Provéanse de bolsas que no se desgasten; acumulen un tesoro inagotable en el cielo, donde no hay ladrón que aceche ni polilla que destruya. Pues donde tengan ustedes su tesoro, allí estará también su corazón.

»Manténganse listos, con la ropa bien ajustada y la luz encendida. Pórtense como siervos que esperan a que regrese su Señor de un banquete de bodas, para abrirle la puerta tan pronto como él llegue y toque. Dichosos los siervos a quienes su Señor encuentre pendientes de su llegada. Créanme que se ajustará la ropa, hará que los siervos se sienten a la mesa, y él mismo se pondrá a servirles. Sí, dichosos aquellos siervos a quienes su Señor encuentre preparados, aunque llegue a la medianoche o de madrugada. Pero entiendan esto: Si un dueño de casa supiera a qué hora va a llegar el ladrón, estaría pendiente para no dejarlo forzar la entrada. Así mismo deben ustedes estar preparados, porque el Hijo del hombre vendrá cuando menos lo esperen.

—Señor —le preguntó Pedro—, ¿cuentas esta parábola para nosotros, o para todos?

Respondió el Señor:

—¿Dónde se halla un mayordomo fiel y prudente a quien su Señor deja encargado de los siervos para repartirles la comida a su debido tiempo? Dichoso el siervo cuyo Señor, al regresar, lo encuentra cumpliendo con su deber. Les aseguro que lo pondrá a cargo de todos sus bienes. Pero ¡qué tal si ese siervo se pone a pensar: "Mi Señor tarda en volver", y luego comienza a golpear a los criados y a las criadas, y a comer y beber y emborracharse! El Señor de ese siervo volverá el día en que el siervo menos lo espere y a la hora menos pensada. Entonces lo castigará severamente y le impondrá la condena que reciben los incrédulos.

»El siervo que conoce la voluntad de su Señor, y no se prepara para cumplirla, recibirá muchos golpes. En cambio, el que no la conoce y hace algo que merezca castigo, recibirá pocos golpes. A todo el que se le ha dado mucho, se le exigirá mucho; y al que se le ha confiado mucho, se le pedirá aun más.

»He venido a traer fuego a la tierra, y ¡cómo quisiera que ya estuviera ardiendo! Pero tengo que pasar por la prueba de un bautismo, y ¡cuánta angustia siento hasta que se cumpla! ¿Creen ustedes que vine a traer paz a la tierra? ¡Les digo que no, sino división! De ahora en adelante estarán divididos cinco en una familia, tres contra dos, y dos contra tres. Se enfrentarán el padre contra su hijo y el hijo contra su padre, la madre contra su hija y la hija contra su madre, la suegra contra su nuera y la nuera contra su suegra.

Luego añadió Jesús, dirigiéndose a la multitud:

—Cuando ustedes ven que se levanta una nube en el occidente, en seguida dicen: "Va a llover", y así sucede. Y cuando sopla el viento del sur, dicen: "Va a hacer calor", y así sucede. ¡Hipócritas! Ustedes saben interpretar la apariencia de la tierra y del cielo. ¿Cómo es que no saben interpretar el tiempo actual?

»¿Por qué no juzgan por ustedes mismos lo que es justo? Si tienes que ir con un adversario al magistrado, procura reconciliarte con él en el camino, no sea que te lleve por la fuerza ante el juez, y el juez te entregue al alguacil, y el alguacil te meta en la cárcel. Te digo que no saldrás de allí hasta que pagues el último centavo.

En aquella ocasión algunos que habían llegado le contaron a Jesús cómo Pilato había dado muerte a unos galileos cuando ellos ofrecían sus sacrificios. Jesús les respondió: «¿Piensan ustedes que esos galileos, por haber sufrido así, eran más pecadores que todos los demás? ¡Les digo que no! De la misma manera, todos ustedes perecerán, a menos que se arrepientan. ¿O piensan que aquellos dieciocho que fueron aplastados por la torre de Siloé eran más culpables que todos los demás habitantes de Jerusalén? ¡Les digo que no! De la misma manera, todos ustedes perecerán, a menos que se arrepientan.»

Entonces les contó esta parábola: «Un hombre tenía una higuera plantada en su viñedo, pero cuando fue a buscar fruto en ella, no encontró nada. Así que le dijo al viñador: "Mira, ya hace tres años que vengo a buscar fruto en esta higuera, y no he encontrado nada. ¡Córtala! ¿Para qué ha de ocupar terreno?" "Señor —le contestó el viñador—, déjela todavía por un año más, para que yo pueda cavar a su alrededor y echarle abono. Así tal vez en adelante dé fruto; si no, córtela."»

Un sábado Jesús estaba enseñando en una de las sinagogas, y estaba allí una mujer que por causa de un demonio llevaba dieciocho años enferma. Andaba encorvada y de ningún modo podía enderezarse. Cuando Jesús la vio, la llamó y le dijo:

—Mujer, quedas libre de tu enfermedad.

Al mismo tiempo, puso las manos sobre ella, y al instante la mujer se enderezó y empezó a alabar a Dios. Indignado porque Jesús había sanado en sábado, el jefe de la sinagoga intervino, dirigiéndose a la gente:

—Hay seis días en que se puede trabajar, así que vengan esos días para ser sanados, y no el sábado.

—¡Hipócritas! —le contestó el Señor—. ¿Acaso no desata cada uno de ustedes su buey o su burro en sábado, y lo saca del establo para llevarlo a tomar agua? Sin embargo, a esta mujer, que es hija de Abraham, y a quien Satanás tenía atada durante dieciocho largos años, ¿no se le debía quitar esta cadena en sábado?

Cuando razonó así, quedaron humillados todos sus adversarios, pero la gente estaba encantada de tantas maravillas que él hacía.

—¿A qué se parece el reino de Dios? —continuó Jesús—. ¿Con qué voy a compararlo? Se parece a un grano de mostaza que un hombre sembró en su huerto. Creció hasta convertirse en un árbol, y las aves anidaron en sus ramas.

Volvió a decir:

—¿Con qué voy a comparar el reino de Dios? Es como la levadura que una mujer tomó y mezcló con una gran cantidad de harina, hasta que fermentó la masa.

Continuando su viaje a Jerusalén, Jesús enseñaba en los pueblos y aldeas por donde pasaba.

—Señor, ¿son pocos los que van a salvarse? —le preguntó uno.

—Esfuércense por entrar por la puerta estrecha —contestó—, porque les digo que muchos tratarán de entrar y no podrán. Tan pronto como el dueño de la casa se haya levantado a cerrar la puerta, ustedes desde afuera se pondrán a golpear la puerta, diciendo: "Señor, ábrenos." Pero él les contestará: "No sé quiénes son ustedes." Entonces dirán: "Comimos y bebimos contigo, y tú enseñaste en nuestras plazas." Pero él les contestará: "Les repito que no sé quiénes son ustedes. ¡Apártense de mí, todos ustedes hacedores de injusticia!"

»Allí habrá llanto y rechinar de dientes cuando vean en el reino de Dios a Abraham, Isaac, Jacob y a todos los profetas, mientras a ustedes los echan fuera. Habrá quienes lleguen del oriente y del occidente, del norte y del sur, para sentarse al banquete en el reino de Dios. En efecto, hay últimos que serán primeros, y primeros que serán últimos.

En ese momento se acercaron a Jesús unos fariseos y le dijeron:

—Sal de aquí y vete a otro lugar, porque Herodes quiere matarte.

Él les contestó:

—Vayan y díganle a ese zorro: "Mira, hoy y mañana seguiré expulsando demonios y sanando a la gente, y al tercer día terminaré lo que debo hacer." Tengo que seguir adelante hoy, mañana y pasado mañana, porque no puede ser que muera un profeta fuera de Jerusalén.

»¡Jerusalén, Jerusalén, que matas a los profetas y apedreas a los que se te envían! ¡Cuántas veces quise reunir a tus hijos, como reúne la gallina a sus pollitos debajo de sus alas, pero no quisiste! Pues bien, la casa de ustedes va a quedar abandonada. Y les advierto que ya no volverán a verme hasta el día que digan: "¡Bendito el que viene en el nombre del Señor!"

Un día Jesús fue a comer a casa de un notable de los fariseos. Era sábado, así que éstos estaban acechando a Jesús. Allí, delante de él, estaba un hombre enfermo de hidropesía. Jesús les preguntó a los expertos en la ley y a los fariseos:

—¿Está permitido o no sanar en sábado?

Pero ellos se quedaron callados. Entonces tomó al hombre, lo sanó y lo despidió.

También les dijo:

—Si uno de ustedes tiene un hijo o un buey que se le cae en un pozo, ¿no lo saca en seguida aunque sea sábado?

Y no pudieron contestarle nada.

Al notar cómo los invitados escogían los lugares de honor en la mesa, les contó esta parábola:

—Cuando alguien te invite a una fiesta de bodas, no te sientes en el lugar de honor, no sea que haya algún invitado más distinguido que tú. Si es así, el que los invitó a los dos vendrá y te dirá: "Cédele tu asiento a este hombre." Entonces, avergonzado, tendrás que ocupar el último asiento. Más bien, cuando te inviten,

gar, para que cuando venga el que te invitó, te diga: "Ami-
le a un lugar mejor." Así recibirás honor en presencia de
:ados. Todo el que a sí mismo se enaltece será humillado, y
á enaltecido.

sús al que lo había invitado:

ına comida o una cena, no invites a tus amigos, ni a tus her-
manos, ni a tus parientes, ni a tus vecinos ricos; no sea que ellos, a su vez, te inviten y así seas recompensado. Más bien, cuando des un banquete, invita a los pobres, a los inválidos, a los cojos y a los ciegos. Entonces serás dichoso, pues aunque ellos no tienen con qué recompensarte, serás recompensado en la resurrección de los justos.

Al oír esto, uno de los que estaban sentados a la mesa con Jesús le dijo:

—¡Dichoso el que coma en el banquete del reino de Dios!

Jesús le contestó:

—Cierto hombre preparó un gran banquete e invitó a muchas personas. A la hora del banquete mandó a su siervo a decirles a los invitados: "Vengan, porque ya todo está listo." Pero todos, sin excepción, comenzaron a disculparse. El primero le dijo: "Acabo de comprar un terreno y tengo que ir a verlo. Te ruego que me disculpes." Otro adujo: "Acabo de comprar cinco yuntas de bueyes, y voy a probarlas. Te ruego que me disculpes." Otro alegó: "Acabo de casarme y por eso no puedo ir." El siervo regresó y le informó de esto a su Señor. Entonces el dueño de la casa se enojó y le mandó a su siervo: "Sal de prisa por las plazas y los callejones del pueblo, y trae acá a los pobres, a los inválidos, a los cojos y a los ciegos." "Señor —le dijo luego el siervo—, ya hice lo que usted me mandó, pero todavía hay lugar." Entonces el Señor le respondió: "Ve por los caminos y las veredas, y oblígalos a entrar para que se llene mi casa. Les digo que ninguno de aquellos invitados disfrutará de mi banquete."

Grandes multitudes seguían a Jesús, y él se volvió y les dijo: «Si alguno viene a mí y no sacrifica el amor a su padre y a su madre, a su esposa y a sus hijos, a sus hermanos y a sus hermanas, y aun a su propia vida, no puede ser mi discípulo. Y el que no carga su cruz y me sigue, no puede ser mi discípulo.

»Supongamos que alguno de ustedes quiere construir una torre. ¿Acaso no se sienta primero a calcular el costo, para ver si tiene suficiente dinero para terminarla? Si echa los cimientos y no puede terminarla, todos los que la vean comenzarán a burlarse de él, y dirán: "Este hombre ya no pudo terminar lo que comenzó a construir."

»O supongamos que un rey está a punto de ir a la guerra contra otro rey. ¿Acaso no se sienta primero a calcular si con diez mil hombres puede enfrentarse al que viene contra él con veinte mil? Si no puede, enviará una delegación mientras el otro está todavía lejos, para pedir condiciones de paz. De la misma manera, cualquiera de ustedes que no renuncie a todos sus bienes, no puede ser mi discípulo.

»La sal es buena, pero si se vuelve insípida, ¿cómo recuperará el sabor? No sirve ni para la tierra ni para el abono; hay que tirarla fuera.

»El que tenga oídos para oír, que oiga.»

Muchos recaudadores de impuestos y pecadores se acercaban a Jesús para oírlo, de modo que los fariseos y los maestros de la ley se pusieron a murmurar: «Este hombre recibe a los pecadores y come con ellos.»

Él entonces les contó esta parábola: «Supongamos que uno de ustedes tiene cien ovejas y pierde una de ellas. ¿No deja las noventa y nueve en el campo, y va en busca de la oveja perdida hasta encontrarla? Y cuando la encuentra, lleno de alegría la carga en los hombros y vuelve a la casa. Al llegar, reúne a sus amigos y vecinos, y les dice: "Alégrense conmigo; ya encontré la oveja que se me había perdido." Les digo que así es también en el cielo: habrá más alegría por un solo pecador que se arrepienta, que por noventa y nueve justos que no necesitan arrepentirse.

»O supongamos que una mujer tiene diez monedas de plata y pierde una. ¿No enciende una lámpara, barre la casa y busca con cuidado hasta encontrarla? Y cuando la encuentra, reúne a sus amigas y vecinas, y les dice: "Alégrense conmigo; ya encontré la moneda que se me había perdido." Les digo que así mismo se alegra Dios con sus ángeles por un pecador que se arrepiente.

»Un hombre tenía dos hijos —continuó Jesús—. El menor de ellos le dijo a su padre: "Papá, dame lo que me toca de la herencia." Así que el padre repartió sus bienes entre los dos. Poco después el hijo menor juntó todo lo que tenía y se fue a un país lejano; allí vivió desenfrenadamente y derrochó su herencia.

»Cuando ya lo había gastado todo, sobrevino una gran escasez en la región, y él comenzó a pasar necesidad. Así que fue y consiguió empleo con un ciudadano de aquel país, quien lo mandó a sus campos a cuidar cerdos. Tanta hambre tenía que hubiera querido llenarse el estómago con la comida que daban a los cerdos, pero aun así nadie le daba nada. Por fin recapacitó y se dijo: "¡Cuántos jornaleros de mi padre tienen comida de sobra, y yo aquí me muero de hambre! Tengo que volver a mi padre y decirle: Papá, he pecado contra el cielo y contra ti. Ya no merezco que se me llame tu hijo; trátame como si fuera uno de tus jornaleros." Así que emprendió el viaje y se fue a su padre.

»Todavía estaba lejos cuando su padre lo vio y se compadeció de él; salió corriendo a su encuentro, lo abrazó y lo besó. El joven le dijo: "Papá, he pecado contra el cielo y contra ti. Ya no merezco que se me llame tu hijo." Pero el padre ordenó a sus siervos: "¡Pronto! Traigan la mejor ropa para vestirlo. Pónganle también un anillo en el dedo y sandalias en los pies. Traigan el ternero más gordo y mátenlo para celebrar un banquete. Porque este hijo mío estaba muerto, pero ahora ha vuelto a la vida; se había perdido, pero ya lo hemos encontrado." Así que empezaron a hacer fiesta.

»Mientras tanto, el hijo mayor estaba en el campo. Al volver, cuando se acercó a la casa, oyó la música del baile. Entonces llamó a uno de los siervos y le preguntó qué pasaba. "Ha llegado tu hermano —le respondió—, y tu papá ha matado el ternero más gordo porque ha recobrado a su hijo sano y salvo." Indignado, el hermano mayor se negó a entrar. Así que su padre salió a suplicarle que lo hiciera. Pero él le contestó: "¡Fíjate cuántos años te he servido sin desobedecer jamás tus órdenes, y ni un cabrito me has dado para celebrar una fiesta con mis amigos! ¡Pero ahora llega ese hijo tuyo, que ha despilfarrado tu fortuna con prostitutas, y tú mandas matar en su honor el ternero más gordo!"

»"Hijo mío —le dijo su padre—, tú siempre estás conmigo, y todo lo que tengo es tuyo. Pero teníamos que hacer fiesta y alegrarnos, porque este hermano tuyo estaba muerto, pero ahora ha vuelto a la vida; se había perdido, pero ya lo hemos encontrado."»

Jesús contó otra parábola a sus discípulos: «Un hombre rico tenía un administrador a quien acusaron de derrochar sus bienes. Así que lo mandó a llamar y le dijo: "¿Qué es esto que me dicen de ti? Rinde cuentas de tu administración, porque ya no puedes seguir en tu puesto." El administrador reflexionó: "¿Qué voy a hacer ahora que mi patrón está por quitarme el puesto? No tengo fuerzas para cavar, y me da vergüenza pedir limosna. Tengo que asegurarme de que, cuando me echen de la administración, haya gente que me reciba en su casa. ¡Ya sé lo que voy a hacer!"

»Llamó entonces a cada uno de los que le debían algo a su patrón. Al primero le preguntó: "¿Cuánto le debes a mi patrón?" "Cien barriles de aceite", le contestó él. El administrador le dijo: "Toma tu factura, siéntate en seguida y escribe cincuenta." Luego preguntó al segundo: "Y tú, ¿cuánto debes?" "Cien bultos de trigo", contestó. El administrador le dijo: "Toma tu factura y escribe ochenta."

»Pues bien, el patrón elogió al administrador de riquezas mundanas por haber actuado con astucia. Es que los de este mundo, en su trato con los que son como ellos, son más astutos que los que han recibido la luz. Por eso les digo que se valgan de las riquezas mundanas para ganar amigos, a fin de que cuando éstas se acaben haya quienes los reciban a ustedes en las viviendas eternas.

»El que es honrado en lo poco, también lo será en lo mucho; y el que no es íntegro en lo poco, tampoco lo será en lo mucho. Por eso, si ustedes no han sido honrados en el uso de las riquezas mundanas, ¿quién les confiará las verdaderas? Y si con lo ajeno no han sido honrados, ¿quién les dará a ustedes lo que les pertenece?

»Ningún sirviente puede servir a dos patrones. Menospreciará a uno y amará al otro, o querrá mucho a uno y despreciará al otro. Ustedes no pueden servir a la vez a Dios y a las riquezas.»

Oían todo esto los fariseos, a quienes les encantaba el dinero, y se burlaban de Jesús. Él les dijo: «Ustedes se hacen los buenos ante la gente, pero Dios conoce sus corazones. Dense cuenta de que aquello que la gente tiene en gran estima es detestable delante de Dios.

»La ley y los profetas se proclamaron hasta Juan. Desde entonces se anuncian las buenas nuevas del reino de Dios, y todos se esfuerzan por entrar en él. Es más fácil que desaparezcan el cielo y la tierra, que caiga una sola tilde de la ley.

»Todo el que se divorcia de su esposa y se casa con otra, comete adulterio; y el que se casa con la divorciada, comete adulterio.

»Había un hombre rico que se vestía lujosamente y daba espléndidos banquetes todos los días. A la puerta de su casa se tendía un mendigo llamado Lázaro, que estaba cubierto de llagas y que hubiera querido llenarse el estómago con lo que caía de la mesa del rico. Hasta los perros se acercaban y le lamían las llagas.

»Resulta que murió el mendigo, y los ángeles se lo llevaron para que estuviera al lado de Abraham. También murió el rico, y lo sepultaron. En el infierno, en medio de sus tormentos, el rico levantó los ojos y vio de lejos a Abraham, y a Lázaro junto a él. Así que alzó la voz y lo llamó: "Padre Abraham, ten compasión de mí y manda a Lázaro que moje la punta del dedo en agua y me refresque la lengua, porque estoy sufriendo mucho en este fuego." Pero Abraham le contestó: "Hijo, recuerda que durante tu vida te fue muy bien, mientras que a Lázaro le fue muy mal; pero ahora a él le toca recibir consuelo aquí, y a ti, sufrir terriblemente. Además de eso, hay un gran abismo entre nosotros y ustedes, de modo que los que quieren pasar de aquí para allá no pueden, ni tampoco pueden los de allá para acá."

»Él respondió: "Entonces te ruego, padre, que mandes a Lázaro a la casa de mi padre, para que advierta a mis cinco hermanos y no vengan ellos también a este lugar de tormento." Pero Abraham le contestó: "Ya tienen a Moisés y a los profetas; ¡que les hagan caso a ellos!" "No les harán caso, padre Abraham —replicó el rico—; en cambio, si se les presentara uno de entre los muertos, entonces sí se arrepentirían." Abraham le dijo: "Si no les hacen caso a Moisés y a los profetas, tampoco se convencerán aunque alguien se levante de entre los muertos."»

Luego dijo Jesús a sus discípulos:

—Los tropiezos son inevitables, pero ¡ay de aquel que los ocasiona! 2Más le valdría ser arrojado al mar con una piedra de molino atada al cuello, que servir de tropiezo a uno solo de estos pequeños.»Si tu hermano peca, repréndelo; y si se arrepiente, perdónalo. Aun si peca contra ti siete veces en un día, y siete veces regresa a decirte "Me arrepiento", perdónalo.

Entonces los apóstoles le dijeron al Señor:

—¡Aumenta nuestra fe!

—Si ustedes tuvieran una fe tan pequeña como un grano de mostaza —les respondió el Señor—, podrían decirle a este árbol: "Desarráigate y plántate en el mar", y les obedecería.

»Supongamos que uno de ustedes tiene un siervo que ha estado arando el campo o cuidando las ovejas. Cuando el siervo regresa del campo, ¿acaso se le dice: "Ven en seguida a sentarte a la mesa"? ¿No se le diría más bien: "Prepárame la comida y cámbiate de ropa para atenderme mientras yo ceno; después tú podrás cenar"? ¿Acaso se le darían las gracias al siervo por haber hecho lo que se le mandó? Así también ustedes, cuando hayan hecho todo lo que se les ha mandado, deben decir: "Somos siervos inútiles; no hemos hecho más que cumplir con nuestro deber."

Un día, siguiendo su viaje a Jerusalén, Jesús pasaba por Samaria y Galilea. Cuando estaba por entrar en un pueblo, salieron a su encuentro diez hombres enfermos de lepra. Como se habían quedado a cierta distancia, gritaron:

—¡Jesús, Maestro, ten compasión de nosotros!

Al verlos, les dijo:

—Vayan a presentarse a los sacerdotes.

Resultó que, mientras iban de camino, quedaron limpios.

Uno de ellos, al verse ya sano, regresó alabando a Dios a grandes voces. Cayó rostro en tierra a los pies de Jesús y le dio las gracias, no obstante que era samaritano.

—¿Acaso no quedaron limpios los diez? —preguntó Jesús—. ¿Dónde están los otros nueve? ¿No hubo ninguno que regresara a dar gloria a Dios, excepto este extranjero? Levántate y vete —le dijo al hombre—; tu fe te ha sanado.

Los fariseos le preguntaron a Jesús cuándo iba a venir el reino de Dios, y él les respondió:

—La venida del reino de Dios no se puede someter a cálculos. No van a decir: "¡Mírenlo acá! ¡Mírenlo allá!" Dense cuenta de que el reino de Dios está entre ustedes.

A sus discípulos les dijo:

—Llegará el tiempo en que ustedes anhelarán vivir siquiera uno de los días del Hijo del hombre, pero no podrán. Les dirán: "¡Mírenlo allá! ¡Mírenlo acá!" No vayan; no los sigan. Porque en su día el Hijo del hombre será como el relámpago que fulgura e ilumina el cielo de uno a otro extremo. Pero antes él tiene que sufrir muchas cosas y ser rechazado por esta generación.

»Tal como sucedió en tiempos de Noé, así también será cuando venga el Hijo del hombre. Comían, bebían, y se casaban y daban en casamiento, hasta el día en que Noé entró en el arca; entonces llegó el diluvio y los destruyó a todos.

»Lo mismo sucedió en tiempos de Lot: comían y bebían, compraban y vendían, sembraban y edificaban. Pero el día en que Lot salió de Sodoma, llovió del cielo fuego y azufre y acabó con todos.

»Así será el día en que se manifieste el Hijo del hombre. En aquel día, el que esté en la azotea y tenga sus cosas dentro de la casa, que no baje a buscarlas. Así mismo el que esté en el campo, que no regrese por lo que haya dejado atrás. ¡Acuérdense de la esposa de Lot! El que procure conservar su vida, la perderá; y el que la pierda, la conservará. Les digo que en aquella noche estarán dos personas en una misma cama: una será llevada y la otra será dejada. Dos mujeres estarán moliendo juntas: una será llevada y la otra será dejada.

—¿Dónde, Señor? —preguntaron.

—Donde esté el cadáver, allí se reunirán los buitres —respondió él.

Jesús les contó a sus discípulos una parábola para mostrarles que debían orar siempre, sin desanimarse. Les dijo: «Había en cierto pueblo un juez que no tenía temor de Dios ni consideración de nadie. En el mismo pueblo había una viuda que insistía en pedirle: "Hágame usted justicia contra mi adversario." Durante algún tiempo él se negó, pero por fin concluyó: "Aunque no temo a Dios ni tengo consideración de nadie, como esta viuda no deja de molestarme, voy a tener que hacerle justicia, no sea que con sus visitas me haga la vida imposible."»

Continuó el Señor: «Tengan en cuenta lo que dijo el juez injusto. ¿Acaso Dios no hará justicia a sus escogidos, que claman a él día y noche? ¿Se tardará mucho en responderles? Les digo que sí les hará justicia, y sin demora. No obstante, cuando venga el Hijo del hombre, ¿encontrará fe en la tierra?»

A algunos que, confiando en sí mismos, se creían justos y que despreciaban a los demás, Jesús les contó esta parábola: «Dos hombres subieron al templo a orar; uno era fariseo, y el otro, recaudador de impuestos. El fariseo se puso a orar consigo mismo: "Oh Dios, te doy gracias porque no soy como otros hombres —ladrones, malhechores, adúlteros— ni mucho menos como ese recaudador de impuestos. Ayuno dos veces a la semana y doy la décima parte de todo lo que recibo." En cambio, el recaudador de impuestos, que se había quedado a cierta distancia, ni siquiera se atrevía a alzar la vista al cielo, sino que se golpeaba el pecho y decía: "¡Oh Dios, ten compasión de mí, que soy pecador!"

»Les digo que éste, y no aquél, volvió a su casa justificado ante Dios. Pues todo el que a sí mismo se enaltece será humillado, y el que se humilla será enaltecido.»

También le llevaban niños pequeños a Jesús para que los tocara. Al ver esto, los discípulos reprendían a quienes los llevaban. Pero Jesús llamó a los niños y dijo: «Dejen que los niños vengan a mí, y no se lo impidan, porque el reino de Dios es de quienes son como ellos. Les aseguro que el que no reciba el reino de Dios como un niño, de ninguna manera entrará en él.»

Cierto dirigente le preguntó:

—Maestro bueno, ¿qué tengo que hacer para heredar la vida eterna?

—¿Por qué me llamas bueno? —respondió Jesús—. Nadie es bueno sino sólo Dios. Ya sabes los mandamientos: "No cometas adulterio, no mates, no robes, no presentes falso testimonio, honra a tu padre y a tu madre."

—Todo eso lo he cumplido desde que era joven —dijo el hombre.

Al oír esto, Jesús añadió:

—Todavía te falta una cosa: vende todo lo que tienes y repártelo entre los pobres, y tendrás tesoro en el cielo. Luego ven y sígueme.

Cuando el hombre oyó esto, se entristeció mucho, pues era muy rico. Al verlo tan afligido, Jesús comentó:

—¡Qué difícil es para los ricos entrar en el reino de Dios! En realidad, le resulta más fácil a un camello pasar por el ojo de una aguja, que a un rico entrar en el reino de Dios.

Los que lo oyeron preguntaron:

—Entonces, ¿quién podrá salvarse?

—Lo que es imposible para los hombres es posible para Dios —aclaró Jesús.

—Mira —le dijo Pedro—, nosotros hemos dejado todo lo que teníamos para seguirte.

—Les aseguro —respondió Jesús— que todo el que por causa del reino de Dios haya dejado casa, esposa, hermanos, padres o hijos, recibirá mucho más en este tiempo; y en la edad venidera, la vida eterna.

Entonces Jesús tomó aparte a los doce y les dijo: «Ahora vamos rumbo a Jerusalén, donde se cumplirá todo lo que escribieron los profetas acerca del Hijo del hombre. En efecto, será entregado a los gentiles. Se burlarán de él, lo insultarán, le escupirán; y después de azotarlo, lo matarán. Pero al tercer día resucitará.»

Los discípulos no entendieron nada de esto. Les era incomprensible, pues no captaban el sentido de lo que les hablaba.

Sucedió que al acercarse Jesús a Jericó, estaba un ciego sentado junto al camino pidiendo limosna. Cuando oyó a la multitud que pasaba, preguntó qué acontecía.

—Jesús de Nazaret está pasando por aquí —le respondieron.

—¡Jesús, Hijo de David, ten compasión de mí! —gritó el ciego.

Los que iban delante lo reprendían para que se callara, pero él se puso a gritar aun más fuerte:

—¡Hijo de David, ten compasión de mí!

Jesús se detuvo y mandó que se lo trajeran. Cuando el ciego se acercó, le preguntó Jesús:

—¿Qué quieres que haga por ti?

—Señor, quiero ver.

—¡Recibe la vista! —le dijo Jesús—. Tu fe te ha sanado.

Al instante recobró la vista. Entonces, glorificando a Dios, comenzó a seguir a Jesús, y todos los que lo vieron daban alabanza a Dios.

Jesús llegó a Jericó y comenzó a cruzar la ciudad. Resulta que había allí un hombre llamado Zaqueo, jefe de los recaudadores de impuestos, que era muy rico.

Estaba tratando de ver quién era Jesús, pero la multitud se lo impedía, pues era de baja estatura. Por eso se adelantó corriendo y se subió a un árbol para poder verlo, ya que Jesús iba a pasar por allí.

Llegando al lugar, Jesús miró hacia arriba y le dijo:

—Zaqueo, baja enseguida. Tengo que quedarme hoy en tu casa.

Así que se apresuró a bajar y, muy contento, recibió a Jesús en su casa.

Al ver esto, todos empezaron a murmurar: «Ha ido a hospedarse con un pecador.»

Pero Zaqueo dijo resueltamente:

—Mira, Señor: Ahora mismo voy a dar a los pobres la mitad de mis bienes, y si en algo he defraudado a alguien, le devolveré cuatro veces la cantidad que sea.

—Hoy ha llegado la salvación a esta casa —le dijo Jesús—, ya que éste también es hijo de Abraham. Porque el Hijo del hombre vino a buscar y a salvar lo que se había perdido.

Como la gente lo escuchaba, pasó a contarles una parábola, porque estaba cerca de Jerusalén y la gente pensaba que el reino de Dios iba a manifestarse en cualquier momento. Así que les dijo: «Un hombre de la nobleza se fue a un país lejano para ser coronado rey y luego regresar. Llamó a diez de sus siervos y entregó a cada cual una buena cantidad de dinero. Les instruyó: "Hagan negocio con este dinero hasta que yo vuelva." Pero sus súbditos lo odiaban y mandaron tras él una delegación a decir: "No queremos a éste por rey."

»A pesar de todo, fue nombrado rey. Cuando regresó a su país, mandó llamar a los siervos a quienes había entregado el dinero, para enterarse de lo que habían ganado. Se presentó el primero y dijo: "Señor, su dinero ha producido diez veces más." "¡Hiciste bien, siervo bueno!" —le respondió el rey—. Puesto que has sido fiel en tan poca cosa, te doy el gobierno de diez ciudades." Se presentó el segundo y dijo: "Señor, su dinero ha producido cinco veces más." El rey le respondió: "A ti te pongo sobre cinco ciudades."

»Llegó otro siervo y dijo: "Señor, aquí tiene su dinero; lo he tenido guardado, envuelto en un pañuelo. Es que le tenía miedo a usted, que es un hombre muy exigente: toma lo que no depositó y cosecha lo que no sembró." El rey le contestó: "Siervo malo, con tus propias palabras te voy a juzgar. ¿Así que sabías que soy muy exigente, que tomo lo que no deposité y cosecho lo que no sembré? Entonces, ¿por qué no pusiste mi dinero en el banco, para que al regresar pudiera reclamar los intereses?" Luego dijo a los presentes: "Quítenle el dinero y dénselo al que recibió diez veces más." "Señor —protestaron—, ¡él ya tiene diez veces más!" El rey contestó: "Les aseguro que a todo el que tiene, se le dará más, pero al que no tiene, se le quitará hasta lo que tiene. Pero en cuanto a esos enemigos míos que no me querían por rey, tráiganlos acá y mátenlos delante de mí."»

Dicho esto, Jesús siguió adelante, subiendo hacia Jerusalén. Cuando se acercó a Betfagué y a Betania, junto al monte llamado de los Olivos, envió a dos de sus discípulos con este encargo: «Vayan a la aldea que está enfrente y, al entrar en ella, encontrarán atado a un burrito en el que nadie se ha montado. Desátenlo y tráiganlo acá. Y si alguien les pregunta: "¿Por qué lo desatan?", díganle: "El Señor lo necesita."»

Fueron y lo encontraron tal como él les había dicho. Cuando estaban desatando el burrito, los dueños les preguntaron:

—¿Por qué desatan el burrito?

—El Señor lo necesita —contestaron.

Se lo llevaron, pues, a Jesús. Luego pusieron sus mantos encima del burrito y ayudaron a Jesús a montarse. A medida que avanzaba, la gente tendía sus mantos sobre el camino.

Al acercarse él a la bajada del monte de los Olivos, todos los discípulos se entusiasmaron y comenzaron a alabar a Dios por tantos milagros que habían visto. Gritaban:

—¡Bendito el Rey que viene en el nombre del Señor!

—¡Paz en el cielo y gloria en las alturas!

Algunos de los fariseos que estaban entre la gente le reclamaron a Jesús:

—¡Maestro, reprende a tus discípulos!

Pero él respondió:

—Les aseguro que si ellos se callan, gritarán las piedras.

Cuando se acercaba a Jerusalén, Jesús vio la ciudad y lloró por ella. Dijo:

—¡Cómo quisiera que hoy supieras lo que te puede traer paz! Pero eso ahora está oculto a tus ojos. Te sobrevendrán días en que tus enemigos levantarán un muro y te rodearán, y te encerrarán por todos lados. Te derribarán a ti y a tus hijos dentro de tus murallas. No dejarán ni una piedra sobre otra, porque no reconociste el tiempo en que Dios vino a salvarte.

Luego entró en el templo y comenzó a echar de allí a los que estaban vendiendo. «Escrito está —les dijo—: "Mi casa será casa de oración"; pero ustedes la han convertido en "cueva de ladrones".»

Todos los días enseñaba en el templo, y los jefes de los sacerdotes, los maestros de la ley y los dirigentes del pueblo procuraban matarlo. Sin embargo, no encontraban la manera de hacerlo, porque todo el pueblo lo escuchaba con gran interés.

Un día, mientras Jesús enseñaba al pueblo en el templo y les predicaba el evangelio, se le acercaron los jefes de los sacerdotes y los maestros de la ley, junto con los ancianos.

—Dinos con qué autoridad haces esto —lo interrogaron—. ¿Quién te dio esa autoridad?

—Yo también voy a hacerles una pregunta a ustedes —replicó él—. Díganme: El bautismo de Juan, ¿procedía del cielo o de la tierra?

Ellos, pues, lo discutieron entre sí: «Si respondemos: "Del cielo", nos dirá: "¿Por qué no le creyeron?" Pero si decimos: "De la tierra", todo el pueblo nos apedreará, porque están convencidos de que Juan era un profeta.»

Así que le respondieron:

—No sabemos de dónde era.

—Pues yo tampoco les voy a decir con qué autoridad hago esto.

Pasó luego a contarle a la gente esta parábola:

—Un hombre plantó un viñedo, se lo arrendó a unos labradores y se fue de viaje por largo tiempo. Llegada la cosecha, mandó un siervo a los labradores para que le dieran parte de la cosecha. Pero los labradores lo golpearon y lo despidieron con las manos vacías. Les envió otro siervo, pero también a éste lo golpearon, lo humillaron y lo despidieron con las manos vacías. Entonces envió un tercero, pero aun a éste lo hirieron y lo expulsaron.

»Entonces pensó el dueño del viñedo: "¿Qué voy a hacer? Enviaré a mi hijo amado; seguro que a él sí lo respetarán." Pero cuando lo vieron los labradores, trataron el asunto. "Éste es el heredero —dijeron—. Matémoslo, y la herencia será nuestra." Así que lo arrojaron fuera del viñedo y lo mataron.

»¿Qué les hará el dueño? Volverá, acabará con esos labradores y dará el viñedo a otros.

Al oír esto, la gente exclamó:

—¡Dios no lo quiera!

Mirándolos fijamente, Jesús les dijo:

—Entonces, ¿qué significa esto que está escrito:

»"La piedra que desecharon los constructores
ha llegado a ser la piedra angular"?

Todo el que caiga sobre esa piedra quedará despedazado, y si ella cae sobre alguien, lo hará polvo.

Los maestros de la ley y los jefes de los sacerdotes, cayendo en cuenta que la parábola iba dirigida contra ellos, buscaron la manera de echarle mano en aquel mismo momento. Pero temían al pueblo.

Entonces, para acecharlo, enviaron espías que fingían ser gente honorable. Pensaban atrapar a Jesús en algo que él dijera, y así poder entregarlo a la jurisdicción del gobernador.

—Maestro —dijeron los espías—, sabemos que lo que dices y enseñas es correcto. No juzgas por las apariencias, sino que de verdad enseñas el camino de Dios. ¿Nos está permitido pagar impuestos al césar o no?

Pero Jesús, dándose cuenta de sus malas intenciones, replicó:

—Muéstrenme una moneda romana. ¿De quién son esta imagen y esta inscripción?

—Del césar —contestaron.

—Entonces denle al césar lo que es del césar, y a Dios lo que es de Dios.

No pudieron atraparlo en lo que decía en público. Así que, admirados de su respuesta, se callaron.

Luego, algunos de los saduceos, que decían que no hay resurrección, se acercaron a Jesús y le plantearon un problema:

—Maestro, Moisés nos enseñó en sus escritos que si un hombre muere y deja a la viuda sin hijos, el hermano de ese hombre tiene que casarse con la viuda para que su hermano tenga descendencia. Pues bien, había siete hermanos. El primero se casó y murió sin dejar hijos. Entonces el segundo y el tercero se casaron con ella, y así sucesivamente murieron los siete sin dejar hijos. Por último, murió también la mujer. Ahora bien, en la resurrección, ¿de cuál será esposa esta mujer, ya que los siete estuvieron casados con ella?

—La gente de este mundo se casa y se da en casamiento —les contestó Jesús—. Pero en cuanto a los que sean dignos de tomar parte en el mundo venidero por la resurrección: ésos no se casarán ni serán dados en casamiento, ni tampoco podrán morir, pues serán como los ángeles. Son hijos de Dios porque toman parte en la resurrección. Pero que los muertos resucitan lo dio a entender Moisés mismo en el pasaje sobre la zarza, pues llama al Señor "el Dios de Abraham, de Isaac y de Jacob". Él no es Dios de muertos, sino de vivos; en efecto, para él todos ellos viven.

Algunos de los maestros de la ley le respondieron:

—¡Bien dicho, Maestro!

Y ya no se atrevieron a hacerle más preguntas.

Pero Jesús les preguntó:

—¿Cómo es que dicen que el Cristo es hijo de David? David mismo declara en el libro de los Salmos:

>>"Dijo el Señor a mi Señor:
'Siéntate a mi derecha,

hasta que ponga a tus enemigos
por estrado de tus pies.' "

David lo llama "Señor". ¿Cómo puede entonces ser su hijo?

Mientras todo el pueblo lo escuchaba, Jesús les dijo a sus discípulos:

—Cuídense de los maestros de la ley. Les gusta pasearse con ropas ostentosas y le encanta que los saluden en las plazas, y ocupar el primer puesto en las sinagogas y los lugares de honor en los banquetes. Devoran los bienes de las viudas y a la vez hacen largas plegarias para impresionar a los demás. Éstos recibirán peor castigo.

Jesús se detuvo a observar y vio a los ricos que echaban sus ofrendas en las alcancías del templo. También vio a una viuda pobre que echaba dos moneditas de cobre.

—Les aseguro —dijo— que esta viuda pobre ha echado más que todos los demás. Todos ellos dieron sus ofrendas de lo que les sobraba; pero ella, de su pobreza, echó todo lo que tenía para su sustento.

Algunos de sus discípulos comentaban acerca del templo, de cómo estaba adornado con hermosas piedras y con ofrendas dedicadas a Dios. Pero Jesús dijo:

—En cuanto a todo esto que ven ustedes, llegará el día en que no quedará piedra sobre piedra; todo será derribado.

—Maestro —le preguntaron—, ¿cuándo sucederá eso, y cuál será la señal de que está a punto de suceder?

—Tengan cuidado; no se dejen engañar —les advirtió Jesús—. Vendrán muchos que usando mi nombre dirán: "Yo soy", y: "El tiempo está cerca." No los sigan ustedes. Cuando sepan de guerras y de revoluciones, no se asusten. Es necesario que eso suceda primero, pero el fin no vendrá en seguida.

>>Se levantará nación contra nación, y reino contra reino —continuó—. Habrá grandes terremotos, hambre y epidemias por todas partes, cosas espantosas y grandes señales del cielo.

>>Pero antes de todo esto, echarán mano de ustedes y los perseguirán. Los entregarán a las sinagogas y a las cárceles, y por causa de mi nombre los llevarán ante reyes y gobernadores. Así tendrán ustedes la oportunidad de dar testimonio ante ellos. Pero tengan en cuenta que no hay por qué preparar una defensa

de antemano, pues yo mismo les daré tal elocuencia y sabiduría para responder, que ningún adversario podrá resistirles ni contradecirles. Ustedes serán traicionados aun por sus padres, hermanos, parientes y amigos, y a algunos de ustedes se les dará muerte. Todo el mundo los odiará por causa de mi nombre. Pero no se perderá ni un solo cabello de su cabeza. Si se mantienen firmes, se salvarán.

»Ahora bien, cuando vean a Jerusalén rodeada de ejércitos, sepan que su desolación ya está cerca. Entonces los que estén en Judea huyan a las montañas, los que estén en la ciudad salgan de ella, y los que estén en el campo no entren en la ciudad. Ése será el tiempo del juicio cuando se cumplirá todo lo que está escrito. ¡Ay de las que estén embarazadas o amamantando en aquellos días! Porque habrá gran aflicción en la tierra, y castigo contra este pueblo. Caerán a filo de espada y los llevarán cautivos a todas las naciones. Los gentiles pisotearán a Jerusalén, hasta que se cumplan los tiempos señalados para ellos.

»Habrá señales en el sol, la luna y las estrellas. En la tierra, las naciones estarán angustiadas y perplejas por el bramido y la agitación del mar. Se desmayarán de terror los hombres, temerosos por lo que va a sucederle al mundo, porque los cuerpos celestes serán sacudidos. Entonces verán al Hijo del hombre venir en una nube con poder y gran gloria. Cuando comiencen a suceder estas cosas, cobren ánimo y levanten la cabeza, porque se acerca su redención.

Jesús también les propuso esta comparación:

—Fíjense en la higuera y en los demás árboles. Cuando brotan las hojas, ustedes pueden ver por sí mismos y saber que el verano está cerca. Igualmente, cuando vean que suceden estas cosas, sepan que el reino de Dios está cerca.

»Les aseguro que no pasará esta generación hasta que todas estas cosas sucedan. El cielo y la tierra pasarán, pero mis palabras jamás pasarán.

»Tengan cuidado, no sea que se les endurezca el corazón por el vicio, la embriaguez y las preocupaciones de esta vida. De otra manera, aquel día caerá de improviso sobre ustedes, pues vendrá como una trampa sobre todos los habitantes de la tierra. Estén siempre vigilantes, y oren para que puedan escapar de todo lo que está por suceder, y presentarse delante del Hijo del hombre.

De día Jesús enseñaba en el templo, pero salía a pasar la noche en el monte llamado de los Olivos, y toda la gente madrugaba para ir al templo a oírlo.

Se aproximaba la fiesta de los Panes sin levadura, llamada la Pascua. Los jefes de los sacerdotes y los maestros de la ley buscaban algún modo de acabar con Jesús, porque temían al pueblo. Entonces entró Satanás en Judas, uno de los doce, al que llamaban Iscariote. Éste fue a los jefes de los sacerdotes y a los capitanes del templo para tratar con ellos cómo les entregaría a Jesús. Ellos se alegraron y acordaron darle dinero. Él aceptó, y comenzó a buscar una oportunidad para entregarles a Jesús cuando no hubiera gente.

Cuando llegó el día de la fiesta de los Panes sin levadura, en que debía sacrificarse el cordero de la Pascua, Jesús envió a Pedro y a Juan, diciéndoles:

—Vayan a hacer los preparativos para que comamos la Pascua.

—¿Dónde quieres que la preparemos? —le preguntaron.

—Miren —contestó él—: al entrar ustedes en la ciudad les saldrá al encuentro un hombre que lleva un cántaro de agua. Síganlo hasta la casa en que entre, y díganle al dueño de la casa: "El Maestro pregunta: ¿Dónde está la sala en la que voy a comer la Pascua con mis discípulos?" Él les mostrará en la planta alta una sala amplia y amueblada. Preparen allí la cena.

Ellos se fueron y encontraron todo tal como les había dicho Jesús. Así que prepararon la Pascua.

Cuando llegó la hora, Jesús y sus apóstoles se sentaron a la mesa. Entonces les dijo:

—He tenido muchísimos deseos de comer esta Pascua con ustedes antes de padecer, pues les digo que no volveré a comerla hasta que tenga su pleno cumplimiento en el reino de Dios.

Luego tomó la copa, dio gracias y dijo:

—Tomen esto y repártanlo entre ustedes. Les digo que no volveré a beber del fruto de la vid hasta que venga el reino de Dios.

También tomó pan y, después de dar gracias, lo partió, se lo dio a ellos y dijo:

—Este pan es mi cuerpo, entregado por ustedes; hagan esto en memoria de mí.

De la misma manera tomó la copa después de la cena, y dijo:

—Esta copa es el nuevo pacto en mi sangre, que es derramada por ustedes. Pero sepan que la mano del que va a traicionarme está con la mía, sobre la mesa. A la verdad el Hijo del hombre se irá según está decretado, pero ¡ay de aquel que lo traiciona!

Entonces comenzaron a preguntarse unos a otros quién de ellos haría esto.

Tuvieron además un altercado sobre cuál de ellos sería el más importante. Jesús les dijo:

—Los reyes de las naciones oprimen a sus súbditos, y los que ejercen autoridad sobre ellos se llaman a sí mismos benefactores. No sea así entre ustedes. Al contrario, el mayor debe comportarse como el menor, y el que manda como el que sirve. Porque, ¿quién es más importante, el que está a la mesa o el que sirve? ¿No lo es el que está sentado a la mesa? Sin embargo, yo estoy entre ustedes como uno que sirve. Ahora bien, ustedes son los que han estado siempre a mi lado en mis pruebas. Por eso, yo mismo les concedo un reino, así como mi Padre me lo concedió a mí, para que coman y beban a mi mesa en mi reino, y se sienten en tronos para juzgar a las doce tribus de Israel.

»Simón, Simón, mira que Satanás ha pedido zarandearlos a ustedes como si fueran trigo. Pero yo he orado por ti, para que no falle tu fe. Y tú, cuando te hayas vuelto a mí, fortalece a tus hermanos.

—Señor —respondió Pedro—, estoy dispuesto a ir contigo tanto a la cárcel como a la muerte.

—Pedro, te digo que hoy mismo, antes de que cante el gallo, tres veces negarás que me conoces.

Luego Jesús dijo a todos:

—Cuando los envié a ustedes sin monedero ni bolsa ni sandalias, ¿acaso les faltó algo?

—Nada —respondieron.

—Ahora, en cambio, el que tenga un monedero, que lo lleve; así mismo, el que tenga una bolsa. Y el que nada tenga, que venda su manto y compre una espada. Porque les digo que tiene que cumplirse en mí aquello que está escrito: "Y fue contado entre los transgresores." En efecto, lo que se ha escrito de mí se está cumpliendo.

—Mira, Señor —le señalaron los discípulos—, aquí hay dos espadas.

—¡Basta! —les contestó.

Jesús salió de la ciudad y, como de costumbre, se dirigió al monte de los Olivos, y sus discípulos lo siguieron. Cuando llegaron al lugar, les dijo: «Oren para que no caigan en tentación.» Entonces se separó de ellos a una buena distancia, se arrodilló y empezó a orar: «Padre, si quieres, no me hagas beber este trago amargo; pero no se cumpla mi voluntad, sino la tuya.» Entonces se le apareció un ángel del cielo para fortalecerlo. Pero, como estaba angustiado, se puso a orar con más fervor, y su sudor era como gotas de sangre que caían a tierra.

Cuando terminó de orar y volvió a los discípulos, los encontró dormidos, agotados por la tristeza. «¿Por qué están durmiendo? —les exhortó—. Levántense y oren para que no caigan en tentación.»

Todavía estaba hablando Jesús cuando se apareció una turba, y al frente iba uno de los doce, el que se llamaba Judas. Éste se acercó a Jesús para besarlo, pero Jesús le preguntó:

—Judas, ¿con un beso traicionas al Hijo del hombre?

Los discípulos que lo rodeaban, al darse cuenta de lo que pasaba, dijeron:

—Señor, ¿atacamos con la espada?

Y uno de ellos hirió al siervo del sumo sacerdote, cortándole la oreja derecha.

—¡Déjenlos! —ordenó Jesús.

Entonces le tocó la oreja al hombre, y lo sanó.

Luego dijo a los jefes de los sacerdotes, a los capitanes del templo y a los ancianos, que habían venido a prenderlo:

—¿Acaso soy un bandido, para que vengan contra mí con espadas y palos? Todos los días estaba con ustedes en el templo, y no se atrevieron a ponerme las manos encima. Pero ya ha llegado la hora de ustedes, cuando reinan las tinieblas.

Prendieron entonces a Jesús y lo llevaron a la casa del sumo sacerdote. Pedro los seguía de lejos. Pero luego, cuando encendieron una fogata en medio del patio y se sentaron alrededor, Pedro se les unió. Una criada lo vio allí sentado a la lumbre, lo miró detenidamente y dijo:

—Éste estaba con él.

Pero él lo negó.

—Muchacha, yo no lo conozco.

Poco después lo vio otro y afirmó:

—Tú también eres uno de ellos.

—¡No, hombre, no lo soy! —contestó Pedro.

Como una hora más tarde, otro lo acusó:

—Seguro que éste estaba con él; miren que es galileo.

—¡Hombre, no sé de qué estás hablando! —replicó Pedro.

En el mismo momento en que dijo eso, cantó el gallo. El Señor se volvió y miró directamente a Pedro. Entonces Pedro se acordó de lo que el Señor le había dicho: «Hoy mismo, antes de que el gallo cante, me negarás tres veces.» Y saliendo de allí, lloró amargamente.

Los hombres que vigilaban a Jesús comenzaron a burlarse de él y a golpearlo. Le vendaron los ojos, y le increpaban:

—¡Adivina quién te pegó!

Y le lanzaban muchos otros insultos.

Al amanecer, se reunieron los ancianos del pueblo, tanto los jefes de los sacerdotes como los maestros de la ley, e hicieron comparecer a Jesús ante el Consejo.

—Si eres el Cristo, dínoslo —le exigieron.

Jesús les contestó:

—Si se lo dijera a ustedes, no me lo creerían, y si les hiciera preguntas, no me contestarían. Pero de ahora en adelante el Hijo del hombre estará sentado a la derecha del Dios Todopoderoso.

—¿Eres tú, entonces, el Hijo de Dios? —le preguntaron a una voz.

—Ustedes mismos lo dicen.

—¿Para qué necesitamos más testimonios? —resolvieron—. Acabamos de oírlo de sus propios labios.

Así que la asamblea en pleno se levantó, y lo llevaron a Pilato. Y comenzaron la acusación con estas palabras:

—Hemos descubierto a este hombre agitando a nuestra nación. Se opone al pago de impuestos al emperador y afirma que él es el Cristo, un rey.

Así que Pilato le preguntó a Jesús:

—¿Eres tú el rey de los judíos?

—Tú mismo lo dices —respondió.

Entonces Pilato declaró a los jefes de los sacerdotes y a la multitud:

—No encuentro que este hombre sea culpable de nada.

Pero ellos insistían:

—Con sus enseñanzas agita al pueblo por toda Judea. Comenzó en Galilea y ha llegado hasta aquí.

Al oír esto, Pilato preguntó si el hombre era galileo. Cuando se enteró de que pertenecía a la jurisdicción de Herodes, se lo mandó a él, ya que en aquellos días también Herodes estaba en Jerusalén.

Al ver a Jesús, Herodes se puso muy contento; hacía tiempo que quería verlo por lo que oía acerca de él, y esperaba presenciar algún milagro que hiciera Jesús. Lo acosó con muchas preguntas, pero Jesús no le contestaba nada. Allí estaban también los jefes de los sacerdotes y los maestros de la ley, acusándolo con vehemencia. Entonces Herodes y sus soldados, con desprecio y burlas, le pusieron un manto lujoso y lo mandaron de vuelta a Pilato. Anteriormente, Herodes y Pilato no se llevaban bien, pero ese mismo día se hicieron amigos.

Pilato entonces reunió a los jefes de los sacerdotes, a los gobernantes y al pueblo, y les dijo:

—Ustedes me trajeron a este hombre acusado de fomentar la rebelión entre el pueblo, pero resulta que lo he interrogado delante de ustedes sin encontrar que sea culpable de lo que ustedes lo acusan. Y es claro que tampoco Herodes lo ha juzgado culpable, puesto que nos lo devolvió. Como pueden ver, no ha cometido ningún delito que merezca la muerte, así que le daré una paliza y después lo soltaré.

Pero todos gritaron a una voz:

—¡Llévate a ése! ¡Suéltanos a Barrabás!

A Barrabás lo habían metido en la cárcel por una insurrección en la ciudad, y por homicidio. Pilato, como quería soltar a Jesús, apeló al pueblo otra vez, pero ellos se pusieron a gritar:

—¡Crucifícalo! ¡Crucifícalo!

Por tercera vez les habló:

—Pero, ¿qué crimen ha cometido este hombre? No encuentro que él sea culpable de nada que merezca la pena de muerte, así que le daré una paliza y después lo soltaré.

Pero a voz en cuello ellos siguieron insistiendo en que lo crucificara, y con sus gritos se impusieron. Por fin Pilato decidió concederles su demanda: soltó al hombre que le pedían, el que por insurrección y homicidio había sido echado en la cárcel, y dejó que hicieran con Jesús lo que quisieran.

Cuando se lo llevaban, echaron mano de un tal Simón de Cirene, que volvía del campo, y le cargaron la cruz para que la llevara detrás de Jesús. Lo seguía mucha gente del pueblo, incluso mujeres que se golpeaban el pecho, lamentándose por él. Jesús se volvió hacia ellas y les dijo:

—Hijas de Jerusalén, no lloren por mí; lloren más bien por ustedes y por sus hijos. Miren, va a llegar el tiempo en que se dirá: "¡Dichosas las estériles, que nunca dieron a luz ni amamantaron!" Entonces

> »"dirán a las montañas: '¡Caigan sobre nosotros!',
> y a las colinas: '¡Cúbrannos!'

"Porque si esto se hace cuando el árbol está verde, ¿qué no sucederá cuando esté seco?

También llevaban con él a otros dos, ambos criminales, para ser ejecutados. Cuando llegaron al lugar llamado la Calavera, lo crucificaron allí, junto con los criminales, uno a su derecha y otro a su izquierda.

—Padre —dijo Jesús—, perdónalos, porque no saben lo que hacen.

Mientras tanto, echaban suertes para repartirse entre sí la ropa de Jesús.

La gente, por su parte, se quedó allí observando, y aun los gobernantes estaba burlándose de él.

—Salvó a otros —decían—; que se salve a sí mismo, si es el Cristo de Dios, el Escogido.

También los soldados se acercaron para burlarse de él. Le ofrecieron vinagre y le dijeron:

—Si eres el rey de los judíos, sálvate a ti mismo.

Resulta que había sobre él un letrero, que decía: «Éste es el Rey de los judíos.»

Uno de los criminales allí colgados empezó a insultarlo:

—¿No eres tú el Cristo? ¡Sálvate a ti mismo y a nosotros!

Pero el otro criminal lo reprendió:

—¿Ni siquiera temor de Dios tienes, aunque sufres la misma condena? En nuestro caso, el castigo es justo, pues sufrimos lo que merecen nuestros delitos; éste, en cambio, no ha hecho nada malo.

Luego dijo:

—Jesús, acuérdate de mí cuando vengas en tu reino.

—Te aseguro que hoy estarás conmigo en el paraíso —le contestó Jesús.

Desde el mediodía y hasta la media tarde toda la tierra quedó sumida en la oscuridad, pues el sol se ocultó. Y la cortina del santuario del templo se rasgó en dos. Entonces Jesús exclamó con fuerza:

—¡Padre, en tus manos encomiendo mi espíritu!

Y al decir esto, expiró.

El centurión, al ver lo que había sucedido, alabó a Dios y dijo:

—Verdaderamente este hombre era justo.

Entonces los que se habían reunido para presenciar aquel espectáculo, al ver lo ocurrido, se fueron de allí golpeándose el pecho. Pero todos los conocidos de Jesús, incluso las mujeres que lo habían seguido desde Galilea, se quedaron mirando desde lejos.

Había un hombre bueno y justo llamado José, miembro del Consejo, que no había estado de acuerdo con la decisión ni con la conducta de ellos. Era natural de un pueblo de Judea llamado Arimatea, y esperaba el reino de Dios. Éste se presentó ante Pilato y le pidió el cuerpo de Jesús. Después de bajarlo, lo envolvió en una sábana de lino y lo puso en un sepulcro cavado en la roca, en el que todavía no se había sepultado a nadie. Era el día de preparación para el sábado, que estaba a punto de comenzar.

Las mujeres que habían acompañado a Jesús desde Galilea siguieron a José para ver el sepulcro y cómo colocaban el cuerpo. Luego volvieron a casa y prepararon especias aromáticas y perfumes. Entonces descansaron el sábado, conforme al mandamiento.

El primer día de la semana, muy de mañana, las mujeres fueron al sepulcro, llevando las especias aromáticas que habían preparado. Encontraron que había sido quitada la piedra que cubría el sepulcro y, al entrar, no hallaron el cuerpo del Señor Jesús. Mientras se preguntaban qué habría pasado, se les presentaron dos hombres con ropas resplandecientes. Asustadas, se postraron sobre su rostro, pero ellos les dijeron:

—¿Por qué buscan ustedes entre los muertos al que vive? No está aquí; ¡ha resucitado! Recuerden lo que les dijo cuando todavía estaba con ustedes en Galilea: "El Hijo del hombre tiene que ser entregado en manos de hombres pecadores, y ser crucificado, pero al tercer día resucitará."

Entonces ellas se acordaron de las palabras de Jesús. Al regresar del sepulcro, les contaron todas estas cosas a los once y a todos los demás. Las mujeres eran María Magdalena, Juana, María la madre de Jacobo, y las demás que las acompañaban. Pero a los discípulos el relato les pareció una tontería, así que no les creyeron. Pedro, sin embargo, salió corriendo al sepulcro. Se asomó y vio sólo las vendas de lino. Luego volvió a su casa, extrañado de lo que había sucedido.

Aquel mismo día dos de ellos se dirigían a un pueblo llamado Emaús, a unos once kilómetros de Jerusalén. Iban conversando sobre todo lo que había acontecido. Sucedió que, mientras hablaban y discutían, Jesús mismo se acercó y comenzó a caminar con ellos; pero no lo reconocieron, pues sus ojos estaban velados.

—¿Qué vienen discutiendo por el camino? —les preguntó.

Se detuvieron, cabizbajos; y uno de ellos, llamado Cleofas, le dijo:

—¿Eres tú el único peregrino en Jerusalén que no se ha enterado de todo lo que ha pasado recientemente?

—¿Qué es lo que ha pasado? —les preguntó.

—Lo de Jesús de Nazaret. Era un profeta, poderoso en obras y en palabras delante de Dios y de todo el pueblo. Los jefes de los sacerdotes y nuestros gobernantes lo entregaron para ser condenado a muerte, y lo crucificaron; pero nosotros abrigábamos la esperanza de que era él quien redimiría a Israel. Es más, ya hace tres días que sucedió todo esto. También algunas mujeres de nuestro grupo nos dejaron asombrados. Esta mañana, muy temprano, fueron al sepulcro pero no hallaron su cuerpo. Cuando volvieron, nos contaron que se les habían aparecido unos ángeles quienes les dijeron que él está vivo. Algunos de nuestros compañeros fueron después al sepulcro y lo encontraron tal como habían dicho las mujeres, pero a él no lo vieron.

—¡Qué torpes son ustedes —les dijo—, y qué tardos de corazón para creer todo lo que han dicho los profetas! ¿Acaso no tenía que sufrir el Cristo estas cosas antes de entrar en su gloria?

Entonces, comenzando por Moisés y por todos los profetas, les explicó lo que se refería a él en todas las Escrituras.

Al acercarse al pueblo adonde se dirigían, Jesús hizo como que iba más lejos. Pero ellos insistieron:

—Quédate con nosotros, que está atardeciendo; ya es casi de noche.

Así que entró para quedarse con ellos. Luego, estando con ellos a la mesa, tomó el pan, lo bendijo, lo partió y se lo dio. Entonces se les abrieron los ojos y lo reconocieron, pero él desapareció. Se decían el uno al otro:

—¿No ardía nuestro corazón mientras conversaba con nosotros en el camino y nos explicaba las Escrituras?

Al instante se pusieron en camino y regresaron a Jerusalén. Allí encontraron a los once y a los que estaban reunidos con ellos. «¡Es cierto! —decían—. El Señor ha resucitado y se le ha aparecido a Simón.»

Los dos, por su parte, contaron lo que les había sucedido en el camino, y cómo habían reconocido a Jesús cuando partió el pan.

Todavía estaban ellos hablando acerca de esto, cuando Jesús mismo se puso en medio de ellos y les dijo:

—Paz a ustedes.

Aterrorizados, creyeron que veían a un espíritu.

—¿Por qué se asustan tanto? —les preguntó—. ¿Por qué les vienen dudas? Miren mis manos y mis pies. ¡Soy yo mismo! Tóquenme y vean; un espíritu no tiene carne ni huesos, como ven que los tengo yo.

Dicho esto, les mostró las manos y los pies. Como ellos no acababan de creerlo a causa de la alegría y del asombro, les preguntó:

—¿Tienen aquí algo de comer?

Le dieron un pedazo de pescado asado, así que lo tomó y se lo comió delante de ellos. Luego les dijo:

—Cuando todavía estaba yo con ustedes, les decía que tenía que cumplirse todo lo que está escrito acerca de mí en la ley de Moisés, en los profetas y en los salmos.

Entonces les abrió el entendimiento para que comprendieran las Escrituras.

—Esto es lo que está escrito —les explicó—: que el Cristo padecerá y resucitará al tercer día, y en su nombre se predicarán el arrepentimiento y el perdón de pecados a todas las naciones, comenzando por Jerusalén. Ustedes son testigos de estas cosas. Ahora voy a enviarles lo que ha prometido mi Padre; pero ustedes quédense en la ciudad hasta que sean revestidos del poder de lo alto.

Después los llevó Jesús hasta Betania; allí alzó las manos y los bendijo. Sucedió que, mientras los bendecía, se alejó de ellos y fue llevado al cielo. Ellos, entonces, lo adoraron y luego regresaron a Jerusalén con gran alegría. Y estaban continuamente en el templo, alabando a Dios.

| HECHOS |

Estimado Teófilo, en mi primer libro me referí a todo lo que Jesús comenzó a hacer y enseñar hasta el día en que fue llevado al cielo, luego de darles instrucciones por medio del Espíritu Santo a los apóstoles que había escogido. Después de padecer la muerte, se les presentó dándoles muchas pruebas convincentes de que estaba vivo. Durante cuarenta días se les apareció y les habló acerca del reino de Dios. Una vez, mientras comía con ellos, les ordenó:

—No se alejen de Jerusalén, sino esperen la promesa del Padre, de la cual les he hablado: Juan bautizó con agua, pero dentro de pocos días ustedes serán bautizados con el Espíritu Santo.

Entonces los que estaban reunidos con él le preguntaron:

—Señor, ¿es ahora cuando vas a restablecer el reino a Israel?

—No les toca a ustedes conocer la hora ni el momento determinados por la autoridad misma del Padre —les contestó Jesús—. Pero cuando venga el Espíritu Santo sobre ustedes, recibirán poder y serán mis testigos tanto en Jerusalén como en toda Judea y Samaria, y hasta los confines de la tierra.

Habiendo dicho esto, mientras ellos lo miraban, fue llevado a las alturas hasta que una nube lo ocultó de su vista. Ellos se quedaron mirando fijamente al cielo mientras él se alejaba. De repente, se les acercaron dos hombres vestidos de blanco, que les dijeron:

—Galileos, ¿qué hacen aquí mirando al cielo? Este mismo Jesús, que ha sido llevado de entre ustedes al cielo, vendrá otra vez de la misma manera que lo han visto irse.

Entonces regresaron a Jerusalén desde el monte llamado de los Olivos, situado aproximadamente a un kilómetro de la ciudad. Cuando llegaron, subieron al lugar donde se alojaban. Estaban allí Pedro, Juan, Jacobo, Andrés, Felipe, Tomás, Bartolomé, Mateo, Jacobo hijo de Alfeo, Simón el Zelote y Judas hijo de Jacobo. Todos, en un mismo espíritu, se dedicaban a la oración, junto con las mujeres y con los hermanos de Jesús y su madre María.

Por aquellos días Pedro se puso de pie en medio de los creyentes, que eran un grupo como de ciento veinte personas, y les dijo: «Hermanos, tenía que cumplirse la Escritura que, por boca de David, había predicho el Espíritu Santo en cuanto a Judas, el que sirvió de guía a los que arrestaron a Jesús. Judas se contaba entre los nuestros y participaba en nuestro ministerio. (Con el dinero que obtuvo por su crimen, Judas compró un terreno; allí cayó de cabeza, se reventó, y se le salieron las vísceras. Todos en Jerusalén se enteraron de ello, así que aquel terreno fue llamado Acéldama, que en su propio idioma quiere decir "Campo de Sangre".)

»Porque en el libro de los Salmos —continuó Pedro— está escrito:

»"Que su lugar quede desierto, y que nadie lo habite."

También está escrito:

»"Que otro se haga cargo de su oficio".

Por tanto, es preciso que se una a nosotros un testigo de la resurrección, uno de los que nos acompañaban todo el tiempo que el Señor Jesús vivió entre nosotros, desde que Juan bautizaba hasta el día en que Jesús fue llevado de entre nosotros.»

Así que propusieron a dos: a José, llamado Barsabás, apodado el Justo, y a Matías. Y oraron así: «Señor, tú que conoces el corazón de todos, muéstranos a cuál de estos dos has elegido para que se haga cargo del servicio apostólico que Judas dejó para irse al lugar que le correspondía.» Luego echaron suertes y la elección recayó en Matías; así que él fue reconocido junto con los once apóstoles.

Cuando llegó el día de Pentecostés, estaban todos juntos en el mismo lugar. De repente, vino del cielo un ruido como el de una violenta ráfaga de viento y llenó toda la casa donde estaban reunidos. Se les aparecieron entonces unas lenguas como de fuego que se repartieron y se posaron sobre cada uno de ellos. Todos fueron llenos del Espíritu Santo y comenzaron a hablar en diferentes lenguas, según el Espíritu les concedía expresarse.

Estaban de visita en Jerusalén judíos piadosos, procedentes de todas las naciones de la tierra. Al oír aquel bullicio, se agolparon y quedaron todos pasmados porque cada uno los escuchaba hablar en su propio idioma. Desconcertados y maravillados, decían: «¿No son galileos todos estos que están hablando? ¿Cómo es que cada uno de nosotros los oye hablar en su lengua materna? Partos, medos y elamitas; habitantes de Mesopotamia, de Judea y de Capadocia, del Ponto y de Asia, de Frigia y de Panfilia, de Egipto y de las regiones de Libia cercanas a Cirene; visitantes llegados de Roma; judíos y prosélitos; cretenses y árabes: ¡todos por igual los oímos proclamar en nuestra propia lengua las maravillas de Dios!»

Desconcertados y perplejos, se preguntaban: «¿Qué quiere decir esto?» Otros se burlaban y decían: «Lo que pasa es que están borrachos.»

Entonces Pedro, con los once, se puso de pie y dijo a voz en cuello: «Compatriotas judíos y todos ustedes que están en Jerusalén, déjenme explicarles lo que sucede; presten atención a lo que les voy a decir. Éstos no están borrachos, como suponen ustedes. ¡Apenas son las nueve de la mañana! En realidad lo que pasa es lo que anunció el profeta Joel:

»"Sucederá que en los últimos días —dice Dios—,
derramaré mi Espíritu sobre todo el género humano.

Los hijos y las hijas de ustedes profetizarán,
tendrán visiones los jóvenes
y sueños los ancianos.

En esos días derramaré mi Espíritu
aun sobre mis siervos y mis siervas,
y profetizarán.

Arriba en el cielo y abajo en la tierra mostraré prodigios:
sangre, fuego y nubes de humo.

El sol se convertirá en tinieblas
y la luna en sangre
antes que llegue el día del Señor, día grande y esplendoroso.

Y todo el que invoque el nombre del Señor
será salvo."

»Pueblo de Israel, escuchen esto: Jesús de Nazaret fue un hombre acreditado por Dios ante ustedes con milagros, señales y prodigios, los cuales realizó Dios entre ustedes por medio de él, como bien lo saben. Éste fue entregado según el determinado propósito y el previo conocimiento de Dios; y por medio de gente malvada, ustedes lo mataron, clavándolo en la cruz. Sin embargo, Dios lo resucitó, librándolo de las angustias de la muerte, porque era imposible que la muerte lo mantuviera bajo su dominio. En efecto, David dijo de él:

»"Veía yo al Señor siempre delante de mí,
porque él está a mi derecha
para que no caiga.

Por eso mi corazón se alegra, y canta con gozo mi lengua;
mi cuerpo también vivirá en esperanza.

No dejarás que mi vida termine en el sepulcro;
no permitirás que tu santo sufra corrupción.

Me has dado a conocer los caminos de la vida;
me llenarás de alegría en tu presencia."

»Hermanos, permítanme hablarles con franqueza acerca del patriarca David, que murió y fue sepultado, y cuyo sepulcro está entre nosotros hasta el día de hoy. Era profeta y sabía que Dios le había prometido bajo juramento poner en el trono a uno de sus descendientes. Fue así como previó lo que iba a suceder. Refiriéndose a la resurrección del Mesías, afirmó que Dios no dejaría que su vida terminara en el sepulcro, ni que su fin fuera la corrupción. A este Jesús, Dios lo resucitó, y de ello todos nosotros somos testigos. Exaltado por el poder de Dios, y habiendo recibido del Padre el Espíritu Santo prometido, ha derramado esto que ustedes ahora ven y oyen. David no subió al cielo, y sin embargo declaró:

»"Dijo el Señor a mi Señor:
Siéntate a mi derecha,

hasta que ponga a tus enemigos
por estrado de tus pies."

»Por tanto, sépalo bien todo Israel que a este Jesús, a quien ustedes crucificaron, Dios lo ha hecho Señor y Mesías.»

Cuando oyeron esto, todos se sintieron profundamente conmovidos y les dijeron a Pedro y a los otros apóstoles:

—Hermanos, ¿qué debemos hacer?

—Arrepiéntase y bautícese cada uno de ustedes en el nombre de Jesucristo para perdón de sus pecados —les contestó Pedro—, y recibirán el don del Espíritu Santo. En efecto, la promesa es para ustedes, para sus hijos y para todos los extranjeros, es decir, para todos aquellos a quienes el Señor nuestro Dios quiera llamar.

Y con muchas otras razones les exhortaba insistentemente:

—¡Sálvense de esta generación perversa!

Así, pues, los que recibieron su mensaje fueron bautizados, y aquel día se unieron a la iglesia unas tres mil personas. Se mantenían firmes en la enseñanza de los apóstoles, en la comunión, en el partimiento del pan y en la oración. Todos estaban asombrados por los muchos prodigios y señales que realizaban los apóstoles. Todos los creyentes estaban juntos y tenían todo en común: vendían sus propiedades y posesiones, y compartían sus bienes entre sí según la necesidad de cada uno. No dejaban de reunirse en el templo ni un solo día. De casa en casa partían el pan y compartían la comida con alegría y generosidad, alabando a Dios y disfrutando de la estimación general del pueblo. Y cada día el Señor añadía al grupo los que iban siendo salvos.

Un día subían Pedro y Juan al templo a las tres de la tarde, que es la hora de la oración. Junto a la puerta llamada Hermosa había un hombre lisiado de nacimiento, al que todos los días dejaban allí para que pidiera limosna a los que entraban en el templo. Cuando éste vio que Pedro y Juan estaban por entrar, les pidió limosna. Pedro, con Juan, mirándolo fijamente, le dijo:

—¡Míranos!

El hombre fijó en ellos la mirada, esperando recibir algo.

—No tengo plata ni oro —declaró Pedro—, pero lo que tengo te doy. En el nombre de Jesucristo de Nazaret, ¡levántate y anda!

Y tomándolo por la mano derecha, lo levantó. Al instante los pies y los tobillos del hombre cobraron fuerza. De un salto se puso en pie y comenzó a caminar. Luego entró con ellos en el templo con sus propios pies, saltando y alabando a Dios. Cuando todo el pueblo lo vio caminar y alabar a Dios, lo reconocieron como el mismo hombre que acostumbraba pedir limosna sentado junto a la puerta llamada Hermosa, y se llenaron de admiración y asombro por lo que le había ocurrido.

Mientras el hombre seguía aferrado a Pedro y a Juan, toda la gente, que no salía de su asombro, corrió hacia ellos al lugar conocido como Pórtico de Salomón. Al ver esto, Pedro les dijo: «Pueblo de Israel, ¿por qué les sorprende lo que ha pasado? ¿Por qué nos miran como si, por nuestro propio poder o virtud, hubiéramos hecho caminar a este hombre? El Dios de Abraham, de Isaac y de Jacob, el Dios de nuestros antepasados, ha glorificado a su siervo Jesús. Ustedes lo entregaron y lo rechazaron ante Pilato, aunque éste había decidido soltarlo. Rechazaron al Santo y Justo, y pidieron que se indultara a un asesino. Mataron al autor de la vida, pero Dios lo levantó de entre los muertos, y de eso nosotros somos testigos. Por la fe en el nombre de Jesús, él ha restablecido a este hombre a quien ustedes ven y conocen. Esta fe que viene por medio de Jesús lo ha sanado por completo, como les consta a ustedes.

»Ahora bien, hermanos, yo sé que ustedes y sus dirigentes actuaron así por ignorancia. Pero de este modo Dios cumplió lo que de antemano había anunciado por medio de todos los profetas: que su Mesías tenía que padecer. Por tanto, para que sean borrados sus pecados, arrepiéntanse y vuélvanse a Dios, a fin de que vengan tiempos de descanso de parte del Señor, enviándoles el Mesías que ya había sido preparado para ustedes, el cual es Jesús. Es necesario que él permanezca en el cielo hasta que llegue el tiempo de la restauración de todas las cosas, como Dios lo ha anunciado desde hace siglos por medio de sus santos profetas. Moisés dijo: "El Señor su Dios hará surgir para ustedes, de entre sus propios hermanos, a un profeta como yo; presten atención a todo lo que les diga. Porque quien no le haga caso será eliminado del pueblo."

»En efecto, a partir de Samuel todos los profetas han anunciado estos días. Ustedes, pues, son herederos de los profetas y del pacto que Dios estableció con nuestros antepasados al decirle a Abraham: "Todos los pueblos del mundo serán bendecidos por medio de tu descendencia." Cuando Dios resucitó a su siervo, lo envió primero a ustedes para darles la bendición de que cada uno se convierta de sus maldades.»

Mientras Pedro y Juan le hablaban a la gente, se les presentaron los sacerdotes, el capitán de la guardia del templo y los saduceos. Estaban muy disgustados porque los apóstoles enseñaban a la gente y proclamaban la resurrección, que se había hecho evidente en el caso de Jesús. Prendieron a Pedro y a Juan y, como ya anochecía, los metieron en la cárcel hasta el día siguiente. Pero muchos de los que oyeron el mensaje creyeron, y el número de éstos llegaba a unos cinco mil.

Al día siguiente se reunieron en Jerusalén los gobernantes, los ancianos y los maestros de la ley. Allí estaban el sumo sacerdote Anás, Caifás, Juan, Alejandro y los otros miembros de la familia del sumo sacerdote. Hicieron que Pedro y Juan comparecieran ante ellos y comenzaron a interrogarlos:

—¿Con qué poder, o en nombre de quién, hicieron ustedes esto?

Pedro, lleno del Espíritu Santo, les respondió:

—Gobernantes del pueblo y ancianos: Hoy se nos procesa por haber favorecido a un inválido, ¡y se nos pregunta cómo fue sanado! Sepan, pues, todos ustedes y todo el pueblo de Israel que este hombre está aquí delante de ustedes, sano gracias al nombre de Jesucristo de Nazaret, crucificado por ustedes pero resucitado por Dios. Jesucristo es

> "la piedra que desecharon ustedes los constructores,
> y que ha llegado a ser la piedra angular".

De hecho, en ningún otro hay salvación, porque no hay bajo el cielo otro nombre dado a los hombres mediante el cual podamos ser salvos.

Los gobernantes, al ver la osadía con que hablaban Pedro y Juan, y al darse cuenta de que eran gente sin estudios ni preparación, quedaron asombrados y reconocieron que habían estado con Jesús. Además, como vieron que los acompañaba el hombre que había sido sanado, no tenían nada que alegar. Así que les mandaron que se retiraran del Consejo, y se pusieron a deliberar entre sí: «¿Qué vamos a hacer con estos sujetos? Es un hecho que por medio de ellos ha ocurrido un milagro evidente; todos los que viven en Jerusalén lo saben, y no podemos negarlo. Pero para evitar que este asunto siga divulgándose entre la gente, vamos a amenazarlos para que no vuelvan a hablar de ese nombre a nadie.»

Los llamaron y les ordenaron terminantemente que dejaran de hablar y enseñar acerca del nombre de Jesús. Pero Pedro y Juan replicaron:

—¿Es justo delante de Dios obedecerlos a ustedes en vez de obedecerlo a él? ¡Júzguenlo ustedes mismos! Nosotros no podemos dejar de hablar de lo que hemos visto y oído.

Después de nuevas amenazas, los dejaron irse. Por causa de la gente, no hallaban manera de castigarlos: todos alababan a Dios por lo que había sucedido, pues el hombre que había sido milagrosamente sanado tenía más de cuarenta años.

Al quedar libres, Pedro y Juan volvieron a los suyos y les relataron todo lo que les habían dicho los jefes de los sacerdotes y los ancianos. Cuando lo oyeron, alzaron unánimes la voz en oración a Dios: «Soberano Señor, creador del cielo y de la tierra, del mar y de todo lo que hay en ellos, tú, por medio del Espíritu Santo, dijiste en labios de nuestro padre David, tu siervo:

>"¿Por qué se sublevan las naciones
y en vano conspiran los pueblos?

>Los reyes de la tierra se rebelan
y los gobernantes se confabulan

>contra el Señor
y contra su ungido."

En efecto, en esta ciudad se reunieron Herodes y Poncio Pilato, con los gentiles y con el pueblo de Israel, contra tu santo siervo Jesús, a quien ungiste para hacer lo que de antemano tu poder y tu voluntad habían determinado que sucediera. Ahora, Señor, toma en cuenta sus amenazas y concede a tus siervos el proclamar tu palabra sin temor alguno. Por eso, extiende tu mano para sanar y hacer señales y prodigios mediante el nombre de tu santo siervo Jesús.»

Después de haber orado, tembló el lugar en que estaban reunidos; todos fueron llenos del Espíritu Santo, y proclamaban la palabra de Dios sin temor alguno.

Todos los creyentes eran de un solo sentir y pensar. Nadie consideraba suya ninguna de sus posesiones, sino que las compartían. Los apóstoles, a su vez, con gran poder seguían dando testimonio de la resurrección del Señor Jesús. La gracia de Dios se derramaba abundantemente sobre todos ellos, pues no había ningún necesitado en la comunidad. Quienes poseían casas o terrenos los vendían, llevaban el dinero de las ventas y lo entregaban a los apóstoles para que se distribuyera a cada uno según su necesidad.

José, un levita natural de Chipre, a quien los apóstoles llamaban Bernabé (que significa: Consolador), vendió un terreno que poseía, llevó el dinero y lo puso a disposición de los apóstoles.

Un hombre llamado Ananías también vendió una propiedad y, en complicidad con su esposa Safira, se quedó con parte del dinero y puso el resto a disposición de los apóstoles.

—Ananías —le reclamó Pedro—, ¿cómo es posible que Satanás haya llenado tu corazón para que le mintieras al Espíritu Santo y te quedaras con parte del dinero que recibiste por el terreno? ¿Acaso no era tuyo antes de venderlo? Y una vez vendido, ¿no estaba el dinero en tu poder? ¿Cómo se te ocurrió hacer esto? ¡No has mentido a los hombres sino a Dios!

Al oír estas palabras, Ananías cayó muerto. Y un gran temor se apoderó de todos los que se enteraron de lo sucedido. Entonces se acercaron los más jóvenes, envolvieron el cuerpo, se lo llevaron y le dieron sepultura.

Unas tres horas más tarde entró la esposa, sin saber lo que había ocurrido.

—Dime —le preguntó Pedro—, ¿vendieron ustedes el terreno por tal precio?

—Sí —dijo ella—, por tal precio.

—¿Por qué se pusieron de acuerdo para poner a prueba al Espíritu del Señor? —le recriminó Pedro—. ¡Mira! Los que sepultaron a tu esposo acaban de regresar y ahora te llevarán a ti.

En ese mismo instante ella cayó muerta a los pies de Pedro. Entonces entraron los jóvenes y, al verla muerta, se la llevaron y le dieron sepultura al lado de su esposo. Y un gran temor se apoderó de toda la iglesia y de todos los que se enteraron de estos sucesos.

Por medio de los apóstoles ocurrían muchas señales y prodigios entre el pueblo; y todos los creyentes se reunían de común acuerdo en el Pórtico de Salomón. Nadie entre el pueblo se atrevía a juntarse con ellos, aunque los elogiaban. Y seguía aumentando el número de los que creían y aceptaban al Señor. Era tal la multitud de hombres y mujeres, que hasta sacaban a los enfermos a las plazas y los ponían en colchonetas y camillas para que, al pasar Pedro, por lo menos su sombra cayera sobre alguno de ellos. También de los pueblos vecinos a Jerusalén acudían multitudes que llevaban personas enfermas y atormentadas por espíritus malignos, y todas eran sanadas.

El sumo sacerdote y todos sus partidarios, que pertenecían a la secta de los saduceos, se llenaron de envidia. Entonces arrestaron a los apóstoles y los metieron en la cárcel común. Pero en la noche un ángel del Señor abrió las puertas de la cárcel y los sacó. «Vayan —les dijo—, preséntense en el templo y comuniquen al pueblo todo este mensaje de vida.»

Conforme a lo que habían oído, al amanecer entraron en el templo y se pusieron a enseñar. Cuando llegaron el sumo sacerdote y sus partidarios, convocaron al Consejo, es decir, a la asamblea general de los ancianos de Israel, y mandaron traer de la cárcel a los apóstoles. Pero al llegar los guardias a la cárcel, no los encontraron. Así que volvieron con el siguiente informe: «Encontramos la cárcel cerrada, con todas las medidas de seguridad, y a los guardias firmes a las puertas; pero cuando abrimos, no encontramos a nadie adentro.»

Al oírlo, el capitán de la guardia del templo y los jefes de los sacerdotes se quedaron perplejos, preguntándose en qué terminaría todo aquello. En esto, se presentó alguien que los informó: «¡Miren! Los hombres que ustedes metieron en la cárcel están en el templo y siguen enseñando al pueblo.» Fue entonces el capitán con sus guardias y trajo a los apóstoles sin recurrir a la fuerza, porque temían ser apedreados por la gente. Los condujeron ante el Consejo, y el sumo sacerdote les reclamó:

—Terminantemente les hemos prohibido enseñar en ese nombre. Sin embargo, ustedes han llenado a Jerusalén con sus enseñanzas, y se han propuesto echarnos la culpa a nosotros de la muerte de ese hombre.

—¡Es necesario obedecer a Dios antes que a los hombres! —respondieron Pedro y los demás apóstoles—. El Dios de nuestros antepasados resucitó a Jesús, a quien ustedes mataron colgándolo de un madero. Por su poder, Dios lo exaltó como Príncipe y Salvador, para que diera a Israel arrepentimiento y perdón de pecados. Nosotros somos testigos de estos acontecimientos, y también lo es el Espíritu Santo que Dios ha dado a quienes le obedecen.

A los que oyeron esto se les subió la sangre a la cabeza y querían matarlos.

Pero un fariseo llamado Gamaliel, maestro de la ley muy respetado por todo el pueblo, se puso de pie en el Consejo y mandó que hicieran salir por un momento a los apóstoles. Luego dijo: «Hombres de Israel, piensen dos veces en lo que están a punto de hacer con estos hombres. Hace algún tiempo surgió Teudas, jactándose de ser alguien, y se le unieron unos cuatrocientos hombres. Pero lo mataron y todos sus seguidores se dispersaron y allí se acabó todo. Después de él surgió Judas el galileo, en los días del censo, y logró que la gente lo siguiera. A él también lo mataron, y todos sus secuaces se dispersaron. En este caso les aconsejo que dejen a estos hombres en paz. ¡Suéltenlos! Si lo que se proponen y hacen es de origen humano, fracasará; pero si es de Dios, no podrán destruirlos, y ustedes se encontrarán luchando contra Dios.»

Se dejaron persuadir por Gamaliel. Entonces llamaron a los apóstoles y, luego de azotarlos, les ordenaron que no hablaran más en el nombre de Jesús. Después de eso los soltaron.

Así, pues, los apóstoles salieron del Consejo, llenos de gozo por haber sido considerados dignos de sufrir afrentas por causa del Nombre. Y día tras día, en el templo y de casa en casa, no dejaban de enseñar y anunciar las buenas nuevas de que Jesús es el Mesías.

En aquellos días, al aumentar el número de los discípulos, se quejaron los judíos de habla griega contra los de habla aramea de que sus viudas eran desatendidas en la distribución diaria de los alimentos. Así que los doce reunieron a toda la comunidad de discípulos y les dijeron: «No está bien que nosotros los apóstoles descuidemos el ministerio de la palabra de Dios para servir las mesas. Hermanos, escojan de entre ustedes a siete hombres de buena reputación, llenos del Espíritu y de sabiduría, para encargarles esta responsabilidad. Así nosotros nos dedicaremos de lleno a la oración y al ministerio de la palabra.»

Esta propuesta agradó a toda la asamblea. Escogieron a Esteban, hombre lleno de fe y del Espíritu Santo, y a Felipe, a Prócoro, a Nicanor, a Timón, a Parmenas y a Nicolás, un prosélito de Antioquía. Los presentaron a los apóstoles, quienes oraron y les impusieron las manos.

Y la palabra de Dios se difundía: el número de los discípulos aumentaba considerablemente en Jerusalén, e incluso muchos de los sacerdotes obedecían a la fe.

Esteban, hombre lleno de la gracia y del poder de Dios, hacía grandes prodigios y señales milagrosas entre el pueblo. Con él se pusieron a discutir ciertos individuos de la sinagoga llamada de los Libertos, donde había judíos de Cirene y de Alejandría, de Cilicia y de la provincia de Asia. Como no podían hacer frente a la sabiduría ni al Espíritu con que hablaba Esteban, instigaron a unos hombres a decir: «Hemos oído a Esteban blasfemar contra Moisés y contra Dios.»

Agitaron al pueblo, a los ancianos y a los maestros de la ley. Se apoderaron de Esteban y lo llevaron ante el Consejo. Presentaron testigos falsos, que declararon: «Este hombre no deja de hablar contra este lugar santo y contra la ley. Le hemos oído decir que ese Jesús de Nazaret destruirá este lugar y cambiará las tradiciones que nos dejó Moisés.»

Todos los que estaban sentados en el Consejo fijaron la mirada en Esteban y vieron que su rostro se parecía al de un ángel.

—¿Son ciertas estas acusaciones? —le preguntó el sumo sacerdote.

Él contestó:

—Hermanos y padres, ¡escúchenme! El Dios de la gloria se apareció a nuestro padre Abraham cuando éste aún vivía en Mesopotamia, antes de radicarse en Jarán. "Deja tu tierra y a tus parientes —le dijo Dios—, y ve a la tierra que yo te mostraré."

»Entonces salió de la tierra de los caldeos y se estableció en Jarán. Desde allí, después de la muerte de su padre, Dios lo trasladó a esta tierra donde ustedes viven ahora. No le dio herencia alguna en ella, ni siquiera dónde plantar el pie, pero le prometió dársela en posesión a él y a su descendencia, aunque Abraham no tenía ni un solo hijo todavía. Dios le dijo así: "Tus descendientes vivirán como extranjeros en tierra extraña, donde serán esclavizados y maltratados durante cuatrocientos años. Pero sea cual sea la nación que los esclavice, yo la castigaré, y luego tus descendientes saldrán de esa tierra y me adorarán en este lugar." Hizo con Abraham el pacto que tenía por señal la circuncisión. Así, cuando Abraham tuvo a su hijo Isaac, lo circuncidó a los ocho días de nacido, e Isaac a Jacob, y Jacob a los doce patriarcas.

»Por envidia los patriarcas vendieron a José como esclavo, quien fue llevado a Egipto; pero Dios estaba con él y lo libró de todas sus desgracias. Le dio sabiduría para ganarse el favor del faraón, rey de Egipto, que lo nombró gobernador del país y del palacio real.

»Hubo entonces un hambre que azotó a todo Egipto y a Canaán, causando mucho sufrimiento, y nuestros antepasados no encontraban alimentos. Al enterarse Jacob de que había comida en Egipto, mandó allá a nuestros antepasados en una primera visita. En la segunda, José se dio a conocer a sus hermanos, y el faraón supo del origen de José. Después de esto, José mandó llamar a su padre Jacob y a toda su familia, setenta y cinco personas en total. Bajó entonces Jacob a Egipto, y allí murieron él y nuestros antepasados. Sus restos fueron llevados a Siquén y puestos en el sepulcro que a buen precio Abraham había comprado a los hijos de Jamor en Siquén.

»Cuando ya se acercaba el tiempo de que se cumpliera la promesa que Dios le había hecho a Abraham, el pueblo crecía y se multiplicaba en Egipto. Por aquel entonces subió al trono de Egipto un nuevo rey que no sabía nada de José. Este rey usó de artimañas con nuestro pueblo y oprimió a nuestros antepasados, obligándolos a dejar abandonados a sus hijos recién nacidos para que murieran.

»En aquel tiempo nació Moisés, y fue agradable a los ojos de Dios. Por tres meses se crió en la casa de su padre y, al quedar abandonado, la hija del faraón lo adoptó y lo crió como a su propio hijo. Así Moisés fue instruido en toda la sabiduría de los egipcios, y era poderoso en palabra y en obra.

»Cuando cumplió cuarenta años, Moisés tuvo el deseo de allegarse a sus hermanos israelitas. Al ver que un egipcio maltrataba a uno de ellos, acudió en su defensa y lo vengó matando al egipcio. Moisés suponía que sus hermanos reconocerían que Dios iba a liberarlos por medio de él, pero ellos no lo comprendieron así. Al día siguiente, Moisés sorprendió a dos israelitas que estaban peleando. Trató de reconciliarlos, diciéndoles: "Señores, ustedes son hermanos; ¿por qué quieren hacerse daño?"

»Pero el que estaba maltratando al otro empujó a Moisés y le dijo: "¿Y quién te nombró a ti gobernante y juez sobre nosotros? ¿Acaso quieres matarme a mí, como mataste ayer al egipcio?" Al oír esto, Moisés huyó a Madián; allí vivió como extranjero y tuvo dos hijos.

»Pasados cuarenta años, se le apareció un ángel en el desierto cercano al monte Sinaí, en las llamas de una zarza que ardía. Moisés se asombró de lo que veía. Al acercarse para observar, oyó la voz del Señor: "Yo soy el Dios de tus antepasados, el Dios de Abraham, de Isaac y de Jacob." Moisés se puso a temblar de miedo, y no se atrevía a mirar.

»Le dijo el Señor: "Quítate las sandalias, porque estás pisando tierra santa. Ciertamente he visto la opresión que sufre mi pueblo en Egipto. Los he escuchado quejarse, así que he descendido para librarlos. Ahora ven y te enviaré de vuelta a Egipto."

»A este mismo Moisés, a quien habían rechazado diciéndole: "¿Y quién te nombró gobernante y juez?", Dios lo envió para ser gobernante y libertador, mediante el poder del ángel que se le apareció en la zarza. Él los sacó de Egipto haciendo prodigios y señales milagrosas tanto en la tierra de Egipto como en el Mar Rojo, y en el desierto durante cuarenta años.

»Este Moisés les dijo a los israelitas: "Dios hará surgir para ustedes, de entre sus propios hermanos, un profeta como yo." Este mismo Moisés estuvo en la asamblea en el desierto, con el ángel que le habló en el monte Sinaí, y con nuestros antepasados. Fue también él quien recibió palabras de vida para comunicárnoslas a nosotros.

»Nuestros antepasados no quisieron obedecerlo a él, sino que lo rechazaron. Lo que realmente deseaban era volver a Egipto, por lo cual le dijeron a Aarón: "Tienes que hacernos dioses que vayan delante de nosotros, porque a ese Moisés que nos sacó de Egipto, ¡no sabemos qué pudo haberle pasado!"

»Entonces se hicieron un ídolo en forma de becerro. Le ofrecieron sacrificios y tuvieron fiesta en honor de la obra de sus manos. Pero Dios les volvió la espalda y los entregó a que rindieran culto a los astros. Así está escrito en el libro de los profetas:

> »"Casa de Israel, ¿acaso me ofrecieron ustedes sacrificios
> y ofrendas durante los cuarenta años en el desierto?
>
> Por el contrario, ustedes se hicieron cargo del tabernáculo de Moloc,
> de la estrella del dios Refán,
> y de las imágenes que hicieron para adorarlas.
>
> Por lo tanto, los mandaré al exilio" más allá de Babilonia.

»Nuestros antepasados tenían en el desierto el tabernáculo del testimonio, hecho como Dios le había ordenado a Moisés, según el modelo que éste había visto. Después de haber recibido el tabernáculo, lo trajeron consigo bajo el mando de Josué, cuando conquistaron la tierra de las naciones que Dios expulsó de la presencia de ellos. Allí permaneció hasta el tiempo de David, quien disfrutó del favor de Dios y pidió que le permitiera proveer una morada para el Dios de Jacob. Pero fue Salomón quien construyó la casa.

»Sin embargo, el Altísimo no habita en casas construidas por manos humanas. Como dice el profeta:

> »"El cielo es mi trono,
> y la tierra, el estrado de mis pies.
> ¿Qué clase de casa me construirán?
>
> —dice el Señor—.
> ¿O qué lugar de descanso?
> ¿No es mi mano la que ha hecho todas estas cosas?"

»¡Tercos, duros de corazón y torpes de oídos! Ustedes son iguales que sus antepasados: ¡Siempre resisten al Espíritu Santo! ¿A cuál de los profetas no persiguieron sus antepasados? Ellos mataron a los que de antemano anunciaron la venida del Justo, y ahora a éste lo han traicionado y asesinado ustedes, que recibieron la ley promulgada por medio de ángeles y no la han obedecido.

Al oír esto, rechinando los dientes montaron en cólera contra él. Pero Esteban, lleno del Espíritu Santo, fijó la mirada en el cielo y vio la gloria de Dios, y a Jesús de pie a la derecha de Dios.

—¡Veo el cielo abierto —exclamó—, y al Hijo del hombre de pie a la derecha de Dios!

Entonces ellos, gritando a voz en cuello, se taparon los oídos y todos a una se abalanzaron sobre él, lo sacaron a empellones fuera de la ciudad y comenzaron a apedrearlo. Los acusadores le encargaron sus mantos a un joven llamado Saulo.

Mientras lo apedreaban, Esteban oraba.

—Señor Jesús —decía—, recibe mi espíritu.

Luego cayó de rodillas y gritó:

—¡Señor, no les tomes en cuenta este pecado!

Cuando hubo dicho esto, murió.

Y Saulo estaba allí, aprobando la muerte de Esteban.

Aquel día se desató una gran persecución contra la iglesia en Jerusalén, y todos, excepto los apóstoles, se dispersaron por las regiones de Judea y Samaria. Unos hombres piadosos sepultaron a Esteban e hicieron gran duelo por él. Saulo, por su parte, causaba estragos en la iglesia: entrando de casa en casa, arrastraba a hombres y mujeres y los metía en la cárcel.

Los que se habían dispersado predicaban la palabra por dondequiera que iban. Felipe bajó a una ciudad de Samaria y les anunciaba al Mesías. Al oír a Felipe y ver las señales milagrosas que realizaba, mucha gente se reunía y todos prestaban atención a su mensaje. De muchos endemoniados los espíritus malignos salían dando alaridos, y un gran número de paralíticos y cojos quedaban sanos. Y aquella ciudad se llenó de alegría.

Ya desde antes había en esa ciudad un hombre llamado Simón que, jactándose de ser un gran personaje, practicaba la hechicería y asombraba a la gente de Samaria. Todos, desde el más pequeño hasta el más grande, le prestaban atención y exclamaban: «¡Este hombre es al que llaman el Gran Poder de Dios!»

Lo seguían porque por mucho tiempo los había tenido deslumbrados con sus artes mágicas. Pero cuando creyeron a Felipe, que les anunciaba las buenas nuevas del reino de Dios y el nombre de Jesucristo, tanto hombres como mujeres se bautizaron. Simón mismo creyó y, después de bautizarse, seguía a Felipe por todas partes, asombrado de los grandes milagros y señales que veía.

Cuando los apóstoles que estaban en Jerusalén se enteraron de que los samaritanos habían aceptado la palabra de Dios, les enviaron a Pedro y a Juan. Éstos, al llegar, oraron por ellos para que recibieran el Espíritu Santo, porque el Espíritu aún no había descendido sobre ninguno de ellos; solamente habían sido bautizados en el nombre del Señor Jesús. Entonces Pedro y Juan les impusieron las manos, y ellos recibieron el Espíritu Santo.

Al ver Simón que mediante la imposición de las manos de los apóstoles se daba el Espíritu Santo, les ofreció dinero y les pidió:

—Denme también a mí ese poder, para que todos a quienes yo les imponga las manos reciban el Espíritu Santo.

—¡Que tu dinero perezca contigo —le contestó Pedro—, porque intentaste comprar el don de Dios con dinero! No tienes arte ni parte en este asunto, porque no eres íntegro delante de Dios. Por eso, arrepiéntete de tu maldad y ruega al Señor. Tal vez te perdone el haber tenido esa mala intención. Veo que vas camino a la amargura y a la esclavitud del pecado.

—Rueguen al Señor por mí —respondió Simón—, para que no me suceda nada de lo que han dicho.

Después de testificar y proclamar la palabra del Señor, Pedro y Juan se pusieron en camino de vuelta a Jerusalén, y de paso predicaron el evangelio en muchas poblaciones de los samaritanos.

Un ángel del Señor le dijo a Felipe: «Ponte en marcha hacia el sur, por el camino del desierto que baja de Jerusalén a Gaza.» Felipe emprendió el viaje, y resulta que se encontró con un etíope eunuco, alto funcionario encargado de todo el tesoro de la Candace, reina de los etíopes. Éste había ido a Jerusalén para adorar y, en el viaje de regreso a su país, iba sentado en su carro, leyendo el libro del profeta Isaías. El Espíritu le dijo a Felipe: «Acércate y júntate a ese carro.»

Felipe se acercó deprisa al carro y, al oír que el hombre leía al profeta Isaías, le preguntó:

—¿Acaso entiende usted lo que está leyendo?

—¿Y cómo voy a entenderlo —contestó— si nadie me lo explica?

Así que invitó a Felipe a subir y sentarse con él. El pasaje de la Escritura que estaba leyendo era el siguiente:

> «Como oveja, fue llevado al matadero;
> y como cordero que enmudece ante su trasquilador,
> ni siquiera abrió su boca.
>
> Lo humillaron y no le hicieron justicia.
> ¿Quién describirá su descendencia?
> Porque su vida fue arrancada de la tierra.»

—Dígame usted, por favor, ¿de quién habla aquí el profeta, de sí mismo o de algún otro? —le preguntó el eunuco a Felipe.

Entonces Felipe, comenzando con ese mismo pasaje de la Escritura, le anunció las buenas nuevas acerca de Jesús. Mientras iban por el camino, llegaron a un lugar donde había agua, y dijo el eunuco:

—Mire usted, aquí hay agua. ¿Qué impide que yo sea bautizado?

Entonces mandó parar el carro, y ambos bajaron al agua, y Felipe lo bautizó. Cuando subieron del agua, el Espíritu del Señor se llevó de repente a Felipe. El eunuco no volvió a verlo, pero siguió alegre su camino. En cuanto a Felipe, apareció en Azoto, y se fue predicando el evangelio en todos los pueblos hasta que llegó a Cesarea.

Mientras tanto, Saulo, respirando aún amenazas de muerte contra los discípulos del Señor, se presentó al sumo sacerdote y le pidió cartas de extradición para las sinagogas de Damasco. Tenía la intención de encontrar y llevarse presos a Jerusalén a todos los que pertenecieran al Camino, fueran hombres o mujeres. En el viaje sucedió que, al acercarse a Damasco, una luz del cielo relampagueó de repente a su alrededor. Él cayó al suelo y oyó una voz que le decía:

—Saulo, Saulo, ¿por qué me persigues?

—¿Quién eres, Señor? —preguntó.

—Yo soy Jesús, a quien tú persigues —le contestó la voz—. Levántate y entra en la ciudad, que allí se te dirá lo que tienes que hacer.

Los hombres que viajaban con Saulo se detuvieron atónitos, porque oían la voz pero no veían a nadie. Saulo se levantó del suelo, pero cuando abrió los ojos no podía ver, así que lo tomaron de la mano y lo llevaron a Damasco. Estuvo ciego tres días, sin comer ni beber nada.

Había en Damasco un discípulo llamado Ananías, a quien el Señor llamó en una visión.

—¡Ananías!

—Aquí estoy, Señor.

—Anda, ve a la casa de Judas, en la calle llamada Derecha, y pregunta por un tal Saulo de Tarso. Está orando, y ha visto en una visión a un hombre llamado Ananías, que entra y pone las manos sobre él para que recobre la vista.

Entonces Ananías respondió:

—Señor, he oído hablar mucho de ese hombre y de todo el mal que ha causado a tus santos en Jerusalén. Y ahora lo tenemos aquí, autorizado por los jefes de los sacerdotes, para llevarse presos a todos los que invocan tu nombre.

—¡Ve! —insistió el Señor—, porque ese hombre es mi instrumento escogido para dar a conocer mi nombre tanto a las naciones y a sus reyes como al pueblo de Israel. Yo le mostraré cuánto tendrá que padecer por mi nombre.

Ananías se fue y, cuando llegó a la casa, le impuso las manos a Saulo y le dijo: «Hermano Saulo, el Señor Jesús, que se te apareció en el camino, me ha enviado para que recobres la vista y seas lleno del Espíritu Santo.» Al instante cayó de los ojos de Saulo algo como escamas, y recobró la vista. Se levantó y fue bautizado; y habiendo comido, recobró las fuerzas.

Saulo pasó varios días con los discípulos que estaban en Damasco, y en seguida se dedicó a predicar en las sinagogas, afirmando que Jesús es el Hijo de Dios.

Todos los que le oían se quedaban asombrados, y preguntaban: «¿No es éste el que en Jerusalén perseguía a muerte a los que invocan ese nombre? ¿Y no ha venido aquí para llevárselos presos y entregarlos a los jefes de los sacerdotes?» Pero Saulo cobraba cada vez más fuerza y confundía a los judíos que vivían en Damasco, demostrándoles que Jesús es el Mesías.

Después de muchos días, los judíos se pusieron de acuerdo para hacerlo desaparecer, pero Saulo se enteró de sus maquinaciones. Día y noche vigilaban de cerca las puertas de la ciudad con el fin de eliminarlo. Pero sus discípulos se lo llevaron de noche y lo bajaron en un canasto por una abertura en la muralla.

Cuando llegó a Jerusalén, trataba de juntarse con los discípulos, pero todos tenían miedo de él, porque no creían que de veras fuera discípulo. Entonces Bernabé lo tomó a su cargo y lo llevó a los apóstoles. Saulo les describió en detalle cómo en el camino había visto al Señor, el cual le había hablado, y cómo en Damasco había predicado con libertad en el nombre de Jesús. Así que se quedó con ellos, y andaba por todas partes en Jerusalén, hablando abiertamente en el nombre del Señor. Conversaba y discutía con los judíos de habla griega, pero ellos se proponían eliminarlo. Cuando se enteraron de ello los hermanos, se lo llevaron a Cesarea y de allí lo mandaron a Tarso.

Mientras tanto, la iglesia disfrutaba de paz a la vez que se consolidaba en toda Judea, Galilea y Samaria, pues vivía en el temor del Señor. E iba creciendo en número, fortalecida por el Espíritu Santo.

Pedro, que estaba recorriendo toda la región, fue también a visitar a los santos que vivían en Lida. Allí encontró a un paralítico llamado Eneas, que llevaba ocho años en cama. «Eneas —le dijo Pedro—, Jesucristo te sana. Levántate y tiende tu cama.» Y al instante se levantó. Todos los que vivían en Lida y en Sarón lo vieron, y se convirtieron al Señor.

Había en Jope una discípula llamada Tabita (que traducido es Dorcas). Ésta se esmeraba en hacer buenas obras y en ayudar a los pobres. Sucedió que en esos días cayó enferma y murió. Pusieron el cadáver, después de lavarlo, en un cuarto de la planta alta. Y como Lida estaba cerca de Jope, los discípulos, al enterarse de que Pedro se encontraba en Lida, enviaron a dos hombres a rogarle: «¡Por favor, venga usted a Jope en seguida!»

Sin demora, Pedro se fue con ellos, y cuando llegó lo llevaron al cuarto de arriba. Todas las viudas se presentaron, llorando y mostrándole las túnicas y otros vestidos que Dorcas había hecho cuando aún estaba con ellas.

Pedro hizo que todos salieran del cuarto; luego se puso de rodillas y oró. Volviéndose hacia la muerta, dijo: «Tabita, levántate.» Ella abrió los ojos y, al ver a Pedro, se incorporó. Él, tomándola de la mano, la levantó. Luego llamó a los creyentes y a las viudas, a quienes la presentó viva. La noticia se difundió por todo Jope, y muchos creyeron en el Señor. Pedro se quedó en Jope un buen tiempo, en casa de un tal Simón, que era curtidor.

Vivía en Cesarea un centurión llamado Cornelio, del regimiento conocido como el Italiano. Él y toda su familia eran devotos y temerosos de Dios. Realizaba muchas obras de beneficencia para el pueblo de Israel y oraba a Dios constantemente. Un día, como a las tres de la tarde, tuvo una visión. Vio claramente a un ángel de Dios que se le acercaba y le decía:

—¡Cornelio!

—¿Qué quieres, Señor? —le preguntó Cornelio, mirándolo fijamente y con mucho miedo.

—Dios ha recibido tus oraciones y tus obras de beneficencia como una ofrenda —le contestó el ángel—. Envía de inmediato a algunos hombres a Jope para que hagan venir a un tal Simón, apodado Pedro. Él se hospeda con Simón el curtidor, que tiene su casa junto al mar.

Después de que se fue el ángel que le había hablado, Cornelio llamó a dos de sus siervos y a un soldado devoto de los que le servían regularmente. Les explicó todo lo que había sucedido y los envió a Jope.

Al día siguiente, mientras ellos iban de camino y se acercaban a la ciudad, Pedro subió a la azotea a orar. Era casi el mediodía. Tuvo hambre y quiso algo de comer. Mientras se lo preparaban, le sobrevino un éxtasis. Vio el cielo abierto y algo parecido a una gran sábana que, suspendida por las cuatro puntas, descendía hacia la tierra. En ella había toda clase de cuadrúpedos, como también reptiles y aves.

—Levántate, Pedro; mata y come —le dijo una voz.

—¡De ninguna manera, Señor! —replicó Pedro—. Jamás he comido nada impuro o inmundo.

Por segunda vez le insistió la voz:

—Lo que Dios ha purificado, tú no lo llames impuro.

Esto sucedió tres veces, y en seguida la sábana fue recogida al cielo.

Pedro no atinaba a explicarse cuál podría ser el significado de la visión. Mientras tanto, los hombres enviados por Cornelio, que estaban preguntando por la casa de Simón, se presentaron a la puerta. Llamando, averiguaron si allí se hospedaba Simón, apodado Pedro.

Mientras Pedro seguía reflexionando sobre el significado de la visión, el Espíritu le dijo: «Mira, Simón, tres hombres te buscan. Date prisa, baja y no dudes en ir con ellos, porque yo los he enviado.»

Pedro bajó y les dijo a los hombres:

—Aquí estoy; yo soy el que ustedes buscan. ¿Qué asunto los ha traído por acá?

Ellos le contestaron:

—Venimos de parte del centurión Cornelio, un hombre justo y temeroso de Dios, respetado por todo el pueblo judío. Un ángel de Dios le dio instrucciones de invitarlo a usted a su casa para escuchar lo que usted tiene que decirle.

Entonces Pedro los invitó a pasar y los hospedó.

Al día siguiente, Pedro se fue con ellos acompañado de algunos creyentes de Jope.

Un día después llegó a Cesarea. Cornelio estaba esperándolo con los parientes y amigos íntimos que había reunido. Al llegar Pedro a la casa, Cornelio salió a recibirlo y, postrándose delante de él, le rindió homenaje. Pero Pedro hizo que se levantara, y le dijo:

—Ponte de pie, que sólo soy un hombre como tú.

Pedro entró en la casa conversando con él, y encontró a muchos reunidos. Entonces les habló así:

—Ustedes saben muy bien que nuestra ley prohíbe que un judío se junte con un extranjero o lo visite. Pero Dios me ha hecho ver que a nadie debo llamar impuro o inmundo. Por eso, cuando mandaron por mí, vine sin poner ninguna objeción. Ahora permítanme preguntarles: ¿para qué me hicieron venir?

Cornelio contestó:

—Hace cuatro días a esta misma hora, las tres de la tarde, estaba yo en casa orando. De repente apareció delante de mí un hombre vestido con ropa brillante, y me dijo: "Cornelio, Dios ha oído tu oración y se ha acordado de tus obras de beneficencia. Por lo tanto, envía a alguien a Jope para hacer venir a Simón, apodado Pedro, que se hospeda en casa de Simón el curtidor, junto al mar." Así que inmediatamente mandé a llamarte, y tú has tenido la bondad de venir. Ahora estamos todos aquí, en la presencia de Dios, para escuchar todo lo que el Señor te ha encomendado que nos digas.

Pedro tomó la palabra, y dijo:

—Ahora comprendo que en realidad para Dios no hay favoritismos, sino que en toda nación él ve con agrado a los que le temen y actúan con justicia. Dios envió su mensaje al pueblo de Israel, anunciando las buenas nuevas de la paz por medio de Jesucristo, que es el Señor de todos. Ustedes conocen este mensaje que se difundió por toda Judea, comenzando desde Galilea, después del bautismo que predicó Juan. Me refiero a Jesús de Nazaret: cómo lo ungió Dios con el Espíritu Santo y con poder, y cómo anduvo haciendo el bien y sanando a todos los que estaban oprimidos por el diablo, porque Dios estaba con él. Nosotros somos testigos de todo lo que hizo en la tierra de los judíos y en Jerusalén. Lo mataron, colgándolo de un madero, pero Dios lo resucitó al tercer día y dispuso que se apareciera, no a todo el pueblo, sino a nosotros, testigos previamente escogidos por Dios, que comimos y bebimos con él después de su resurrección. Él nos mandó a predicar al pueblo y a dar solemne testimonio de que ha sido nombrado por Dios como juez de vivos y muertos. De él dan testimonio todos los profetas, que todo el que cree en él recibe, por medio de su nombre, el perdón de los pecados.

Mientras Pedro estaba todavía hablando, el Espíritu Santo descendió sobre todos los que escuchaban el mensaje. Los defensores de la circuncisión que habían llegado con Pedro se quedaron asombrados de que el don del Espíritu Santo se hubiera derramado también sobre los gentiles, pues los oían hablar en lenguas y alabar a Dios. Entonces Pedro respondió:

—¿Acaso puede alguien negar el agua para que sean bautizados estos que han recibido el Espíritu Santo lo mismo que nosotros?

Y mandó que fueran bautizados en el nombre de Jesucristo. Entonces le pidieron que se quedara con ellos algunos días.

Los apóstoles y los hermanos de toda Judea se enteraron de que también los gentiles habían recibido la palabra de Dios. Así que cuando Pedro subió a Jerusalén, los defensores de la circuncisión lo criticaron diciendo:

—Entraste en casa de hombres incircuncisos y comiste con ellos.

Entonces Pedro comenzó a explicarles paso a paso lo que había sucedido:

—Yo estaba orando en la ciudad de Jope y tuve en éxtasis una visión. Vi que del cielo descendía algo parecido a una gran sábana que, suspendida por las cuatro puntas, bajaba hasta donde yo estaba. Me fijé en lo que había en ella, y vi cuadrúpedos, fieras, reptiles y aves. Luego oí una voz que me decía: "Levántate, Pedro; mata y come." Repliqué: "¡De ninguna manera, Señor! Jamás ha entrado en mi boca nada impuro o inmundo." Por segunda vez insistió la voz del cielo: "Lo que Dios ha purificado, tú no lo llames impuro." Esto sucedió tres veces, y luego todo volvió a ser llevado al cielo.

»En aquel momento se presentaron en la casa donde yo estaba tres hombres que desde Cesarea habían sido enviados a verme. El Espíritu me dijo que fuera con ellos sin dudar. También fueron conmigo estos seis hermanos, y entramos en la casa de aquel hombre. Él nos contó cómo en su casa se le había aparecido un ángel que le dijo: "Manda a alguien a Jope para hacer venir a Simón, apodado Pedro. Él te traerá un mensaje mediante el cual serán salvos tú y toda tu familia."

»Cuando comencé a hablarles, el Espíritu Santo descendió sobre ellos tal como al principio descendió sobre nosotros. Entonces recordé lo que había dicho el Señor: "Juan bautizó con agua, pero ustedes serán bautizados con el Espíritu Santo." Por tanto, si Dios les ha dado a ellos el mismo don que a nosotros al creer en el Señor Jesucristo, ¿quién soy yo para pretender estorbar a Dios?

Al oír esto, se apaciguaron y alabaron a Dios diciendo:

—¡Así que también a los gentiles les ha concedido Dios el arrepentimiento para vida!

Los que se habían dispersado a causa de la persecución que se desató por el caso de Esteban llegaron hasta Fenicia, Chipre y Antioquía, sin anunciar a nadie el mensaje excepto a los judíos. Sin embargo, había entre ellos algunas personas de Chipre y de Cirene que, al llegar a Antioquía, comenzaron a hablarles también a los de habla griega, anunciándoles las buenas nuevas acerca del Señor Jesús. El poder del Señor estaba con ellos, y un gran número creyó y se convirtió al Señor.

La noticia de estos sucesos llegó a oídos de la iglesia de Jerusalén, y mandaron a Bernabé a Antioquía. Cuando él llegó y vio las evidencias de la gracia de Dios, se alegró y animó a todos a hacerse el firme propósito de permanecer fieles al Señor, pues era un hombre bueno, lleno del Espíritu Santo y de fe. Un gran número de personas aceptó al Señor.

Después partió Bernabé para Tarso en busca de Saulo, y cuando lo encontró, lo llevó a Antioquía. Durante todo un año se reunieron los dos con la iglesia y enseñaron a mucha gente. Fue en Antioquía donde a los discípulos se les llamó «cristianos» por primera vez.

Por aquel tiempo unos profetas bajaron de Jerusalén a Antioquía. Uno de ellos, llamado Ágabo, se puso de pie y predijo por medio del Espíritu que iba a haber una gran hambre en todo el mundo, lo cual sucedió durante el reinado de Claudio. Entonces decidieron que cada uno de los discípulos, según los recursos de cada cual, enviaría ayuda a los hermanos que vivían en Judea. Así lo hicieron, mandando su ofrenda a los ancianos por medio de Bernabé y de Saulo.

En ese tiempo el rey Herodes hizo arrestar a algunos de la iglesia con el fin de maltratarlos. A Jacobo, hermano de Juan, lo mandó matar a espada. Al ver que esto agradaba a los judíos, procedió a prender también a Pedro. Esto sucedió durante la fiesta de los Panes sin levadura. Después de arrestarlo, lo metió en la cárcel y lo puso bajo la vigilancia de cuatro grupos de cuatro soldados cada uno. Tenía la intención de hacerlo comparecer en juicio público después de la Pascua. Pero mientras mantenían a Pedro en la cárcel, la iglesia oraba constante y fervientemente a Dios por él.

La misma noche en que Herodes estaba a punto de sacar a Pedro para someterlo a juicio, éste dormía entre dos soldados, sujeto con dos cadenas. Unos guardias vigilaban la entrada de la cárcel. De repente apareció un ángel del Señor y una luz resplandeció en la celda. Despertó a Pedro con unas palmadas en el costado y le dijo: «¡Date prisa, levántate!» Las cadenas cayeron de las manos de Pedro. Le dijo además el ángel: «Vístete y cálzate las sandalias.» Así lo hizo, y el ángel añadió: «Échate la capa encima y sígueme.»

Pedro salió tras él, pero no sabía si realmente estaba sucediendo lo que el ángel hacía. Le parecía que se trataba de una visión. Pasaron por la primera y la segunda guardia, y llegaron al portón de hierro que daba a la ciudad. El portón se les abrió por sí solo, y salieron. Caminaron unas cuadras, y de repente el ángel lo dejó solo.

Entonces Pedro volvió en sí y se dijo: «Ahora estoy completamente seguro de que el Señor ha enviado a su ángel para librarme del poder de Herodes y de todo lo que el pueblo judío esperaba.»

Cuando cayó en cuenta de esto, fue a casa de María, la madre de Juan, apodado Marcos, donde muchas personas estaban reunidas orando. Llamó a la puerta de la calle, y salió a responder una sierva llamada Rode. Al reconocer la voz de Pedro, se puso tan contenta que volvió corriendo sin abrir.

—¡Pedro está a la puerta! —exclamó.

—¡Estás loca! —le dijeron.

Ella insistía en que así era, pero los otros decían:

—Debe de ser su ángel.

Entre tanto, Pedro seguía llamando. Cuando abrieron la puerta y lo vieron, quedaron pasmados. Con la mano Pedro les hizo señas de que se callaran, y les contó cómo el Señor lo había sacado de la cárcel.

—Cuéntenles esto a Jacobo y a los hermanos —les dijo.

Luego salió y se fue a otro lugar.

Al amanecer se produjo un gran alboroto entre los soldados respecto al paradero de Pedro. Herodes hizo averiguaciones, pero al no encontrarlo, les tomó declaración a los guardias y mandó matarlos. Después viajó de Judea a Cesarea y se quedó allí.

Herodes estaba furioso con los de Tiro y de Sidón, pero ellos se pusieron de acuerdo y se presentaron ante él. Habiéndose ganado el favor de Blasto, camarero del rey, pidieron paz, porque su región dependía del país del rey para obtener sus provisiones.

El día señalado, Herodes, ataviado con su ropaje real y sentado en su trono, le dirigió un discurso al pueblo. La gente gritaba: «¡Voz de un dios, no de hombre!» Al instante un ángel del Señor lo hirió, porque no le había dado la gloria a Dios; y Herodes murió comido de gusanos.

Pero la palabra de Dios seguía extendiéndose y difundiéndose.

Cuando Bernabé y Saulo cumplieron su servicio, regresaron de Jerusalén llevando con ellos a Juan, llamado también Marcos.

En la iglesia de Antioquía eran profetas y maestros Bernabé; Simeón, apodado el Negro; Lucio de Cirene; Manaén, que se había criado con Herodes el tetrarca; y Saulo. Mientras ayunaban y participaban en el culto al Señor, el Espíritu Santo dijo: «Apártenme ahora a Bernabé y a Saulo para el trabajo al que los he llamado.»

Así que después de ayunar, orar e imponerles las manos, los despidieron.

Bernabé y Saulo, enviados por el Espíritu Santo, bajaron a Seleucia, y de allí navegaron a Chipre. Al llegar a Salamina, predicaron la palabra de Dios en las sinagogas de los judíos. Tenían también a Juan como ayudante.

Recorrieron toda la isla hasta Pafos. Allí se encontraron con un hechicero, un falso profeta judío llamado Barjesús, que estaba con el gobernador Sergio Paulo. El gobernador, hombre inteligente, mandó llamar a Bernabé y a Saulo, en un esfuerzo por escuchar la palabra de Dios. Pero Elimas el hechicero (que es lo que significa su nombre) se les oponía y procuraba apartar de la fe al gobernador. Entonces Saulo, o sea Pablo, lleno del Espíritu Santo, clavó los ojos en Elimas y le dijo: «¡Hijo del diablo y enemigo de toda justicia, lleno de todo tipo de engaño y de fraude! ¿Nunca dejarás de torcer los caminos rectos del Señor? Ahora la mano del Señor está contra ti; vas a quedarte ciego y por algún tiempo no podrás ver la luz del sol.»

Al instante cayeron sobre él sombra y oscuridad, y comenzó a buscar a tientas quien lo llevara de la mano. Al ver lo sucedido, el gobernador creyó, maravillado de la enseñanza acerca del Señor.

Pablo y sus compañeros se hicieron a la mar desde Pafos, y llegaron a Perge de Panfilia. Juan se separó de ellos y regresó a Jerusalén; ellos, por su parte, siguieron su viaje desde Perge hasta Antioquía de Pisidia. El sábado entraron en la sinagoga y se sentaron. Al terminar la lectura de la ley y los profetas, los jefes de la sinagoga mandaron a decirles: «Hermanos, si tienen algún mensaje de aliento para el pueblo, hablen.»

Pablo se puso en pie, hizo una señal con la mano y dijo: «Escúchenme, israelitas, y ustedes, los gentiles temerosos de Dios: El Dios de este pueblo de Israel escogió a nuestros antepasados y engrandeció al pueblo mientras vivían como extranjeros en Egipto. Con gran poder los sacó de aquella tierra y soportó su mal proceder en el desierto unos cuarenta años. Luego de destruir siete naciones en Canaán, dio a su pueblo la tierra de ellas en herencia. Todo esto duró unos cuatrocientos cincuenta años.

»Después de esto, Dios les asignó jueces hasta los días del profeta Samuel. Entonces pidieron un rey, y Dios les dio a Saúl, hijo de Quis, de la tribu de Benjamín, que gobernó por cuarenta años. Tras destituir a Saúl, les puso por rey a David, de quien dio este testimonio: "He encontrado en David, hijo de Isaí, un hombre conforme a mi corazón; él realizará todo lo que yo quiero."

»De los descendientes de éste, conforme a la promesa, Dios ha provisto a Israel un salvador, que es Jesús. Antes de la venida de Jesús, Juan predicó un bautismo de arrepentimiento a todo el pueblo de Israel. Cuando estaba completando su carrera, Juan decía: "¿Quién suponen ustedes que soy? No soy aquél. Miren, después de mí viene uno a quien no soy digno ni siquiera de desatarle las sandalias."

»Hermanos, descendientes de Abraham, y ustedes, los gentiles temerosos de Dios: a nosotros se nos ha enviado este mensaje de salvación. Los habitantes de Jerusalén y sus gobernantes no reconocieron a Jesús. Por tanto, al condenarlo, cumplieron las palabras de los profetas que se leen todos los sábados. Aunque no encontraron ninguna causa digna de muerte, le pidieron a Pilato que lo mandara a ejecutar. Después de llevar a cabo todas las cosas que estaban escritas acerca de él, lo bajaron del madero y lo sepultaron. Pero Dios lo levantó de entre los muertos. Durante muchos días lo vieron los que habían subido con él de Galilea a Jerusalén, y ellos son ahora sus testigos ante el pueblo.

»Nosotros les anunciamos a ustedes las buenas nuevas respecto a la promesa hecha a nuestros antepasados. Dios nos la ha cumplido plenamente a nosotros, los descendientes de ellos, al resucitar a Jesús. Como está escrito en el segundo salmo:

»"Tú eres mi hijo;
hoy mismo te he engendrado."

Dios lo resucitó para que no volviera jamás a la corrupción. Así se cumplieron estas palabras:

»"Yo les daré las bendiciones santas y seguras prometidas a David."

Por eso dice en otro pasaje:

»"No permitirás que el fin de tu santo sea la corrupción."

»Ciertamente David, después de servir a su propia generación conforme al propósito de Dios, murió, fue sepultado con sus antepasados, y su cuerpo sufrió la corrupción. Pero aquel a quien Dios resucitó no sufrió la corrupción de su cuerpo.

»Por tanto, hermanos, sepan que por medio de Jesús se les anuncia a ustedes el perdón de los pecados. Ustedes no pudieron ser justificados de esos pecados por la ley de Moisés, pero todo el que cree es justificado por medio de Jesús. Tengan cuidado, no sea que les suceda lo que han dicho los profetas:

»"¡Miren, burlones!
¡Asómbrense y desaparezcan!
Estoy por hacer en estos días una obra
que ustedes nunca creerán,
aunque alguien se la explique."»

Al salir ellos de la sinagoga, los invitaron a que el siguiente sábado les hablaran más de estas cosas. Cuando se disolvió la asamblea, muchos judíos y prosélitos fieles acompañaron a Pablo y a Bernabé, los cuales en su conversación con ellos les instaron a perseverar en la gracia de Dios.

El siguiente sábado casi toda la ciudad se congregó para oír la palabra del Señor. Pero cuando los judíos vieron a las multitudes, se llenaron de celos y contradecían con maldiciones lo que Pablo decía.

Pablo y Bernabé les contestaron valientemente: «Era necesario que les anunciáramos la palabra de Dios primero a ustedes. Como la rechazan y no se consideran dignos de la vida eterna, ahora vamos a dirigirnos a los gentiles. Así nos lo ha mandado el Señor:

> »"Te he puesto por luz para las naciones,
> a fin de que lleves mi salvación hasta los confines de la tierra."»

Al oír esto, los gentiles se alegraron y celebraron la palabra del Señor; y creyeron todos los que estaban destinados a la vida eterna.

La palabra del Señor se difundía por toda la región. Pero los judíos incitaron a mujeres muy distinguidas y favorables al judaísmo, y a los hombres más prominentes de la ciudad, y provocaron una persecución contra Pablo y Bernabé. Por tanto, los expulsaron de la región. Ellos, por su parte, se sacudieron el polvo de los pies en señal de protesta contra la ciudad, y se fueron a Iconio. Y los discípulos quedaron llenos de alegría y del Espíritu Santo.

En Iconio, Pablo y Bernabé entraron, como de costumbre, en la sinagoga judía y hablaron de tal manera que creyó una multitud de judíos y de griegos. Pero los judíos incrédulos incitaron a los gentiles y les amargaron el ánimo contra los hermanos. En todo caso, Pablo y Bernabé pasaron allí bastante tiempo, hablando valientemente en el nombre del Señor, quien confirmaba el mensaje de su gracia, haciendo señales y prodigios por medio de ellos. La gente de la ciudad estaba dividida: unos estaban de parte de los judíos, y otros de parte de los apóstoles. Hubo un complot tanto de los gentiles como de los judíos, apoyados por sus dirigentes, para maltratarlos y apedrearlos. Al darse cuenta de esto, los apóstoles huyeron a Listra y a Derbe, ciudades de Licaonia, y a sus alrededores, donde siguieron anunciando las buenas nuevas.

En Listra vivía un hombre lisiado de nacimiento, que no podía mover las piernas y nunca había caminado. Estaba sentado, escuchando a Pablo, quien al reparar en él y ver que tenía fe para ser sanado, le ordenó con voz fuerte:

—¡Ponte en pie y enderézate!

El hombre dio un salto y empezó a caminar. Al ver lo que Pablo había hecho, la gente comenzó a gritar en el idioma de Licaonia:

—¡Los dioses han tomado forma humana y han venido a visitarnos!

A Bernabé lo llamaban Zeus, y a Pablo, Hermes, porque era el que dirigía la palabra. El sacerdote de Zeus, el dios cuyo templo estaba a las afueras de la ciudad, llevó toros y guirnaldas a las puertas y, con toda la multitud, quería ofrecerles sacrificios.

Al enterarse de esto los apóstoles Bernabé y Pablo, se rasgaron las vestiduras y se lanzaron por entre la multitud, gritando:

—Señores, ¿por qué hacen esto? Nosotros también somos hombres mortales como ustedes. Las buenas nuevas que les anunciamos es que dejen estas cosas sin valor y se vuelvan al Dios viviente, que hizo el cielo, la tierra, el mar y todo lo que hay en ellos. En épocas pasadas él permitió que todas las naciones siguieran su propio camino. Sin embargo, no ha dejado de dar testimonio de sí mismo haciendo el bien, dándoles lluvias del cielo y estaciones fructíferas, proporcionándoles comida y alegría de corazón.

A pesar de todo lo que dijeron, a duras penas evitaron que la multitud les ofreciera sacrificios.

En eso llegaron de Antioquía y de Iconio unos judíos que hicieron cambiar de parecer a la multitud. Apedrearon a Pablo y lo arrastraron fuera de la ciudad, creyendo que estaba muerto.

Pero cuando lo rodearon los discípulos, él se levantó y volvió a entrar en la ciudad. Al día siguiente, partió para Derbe en compañía de Bernabé.

Después de anunciar las buenas nuevas en aquella ciudad y de hacer muchos discípulos, Pablo y Bernabé regresaron a Listra, a Iconio y a Antioquía, fortaleciendo a los discípulos y animándolos a perseverar en la fe. «Es necesario pasar por muchas dificultades para entrar en el reino de Dios», les decían. En cada iglesia nombraron ancianos y, con oración y ayuno, los encomendaron al Señor, en quien habían creído. Atravesando Pisidia, llegaron a Panfilia, y cuando terminaron de predicar la palabra en Perge, bajaron a Atalía.

De Atalía navegaron a Antioquía, donde se los había encomendado a la gracia de Dios para la obra que ya habían realizado.

Cuando llegaron, reunieron a la iglesia e informaron de todo lo que Dios había hecho por medio de ellos, y de cómo había abierto la puerta de la fe a los gentiles. Y se quedaron allí mucho tiempo con los discípulos.

Algunos que habían llegado de Judea a Antioquía se pusieron a enseñar a los hermanos: «A menos que ustedes se circunciden, conforme a la tradición de Moisés, no pueden ser salvos.» Esto provocó un altercado y un serio debate de Pablo y Bernabé con ellos. Entonces se decidió que Pablo y Bernabé, y algunos otros creyentes, subieran a Jerusalén para tratar este asunto con los apóstoles y los ancianos. Enviados por la iglesia, al pasar por Fenicia y Samaria contaron cómo se habían convertido los gentiles. Estas noticias llenaron de alegría a todos los creyentes. Al llegar a Jerusalén, fueron muy bien recibidos tanto por la iglesia como por los apóstoles y los ancianos, a quienes informaron de todo lo que Dios había hecho por medio de ellos.

Entonces intervinieron algunos creyentes que pertenecían a la secta de los fariseos y afirmaron:

—Es necesario circuncidar a los gentiles y exigirles que obedezcan la ley de Moisés.

Los apóstoles y los ancianos se reunieron para examinar este asunto. Después de una larga discusión, Pedro tomó la palabra:

—Hermanos, ustedes saben que desde un principio Dios me escogió de entre ustedes para que por mi boca los gentiles oyeran el mensaje del evangelio y creyeran. Dios, que conoce el corazón humano, mostró que los aceptaba dándoles el Espíritu Santo, lo mismo que a nosotros. Sin hacer distinción alguna entre nosotros y ellos, purificó sus corazones por la fe. Entonces, ¿por qué tratan ahora de provocar a Dios poniendo sobre el cuello de esos discípulos un yugo que ni nosotros ni nuestros antepasados hemos podido soportar? ¡No puede ser!

Más bien, como ellos, creemos que somos salvos por la gracia de nuestro Señor Jesús.

Toda la asamblea guardó silencio para escuchar a Bernabé y a Pablo, que les contaron las señales y prodigios que Dios había hecho por medio de ellos entre los gentiles. Cuando terminaron, Jacobo tomó la palabra y dijo:

—Hermanos, escúchenme. Simón nos ha expuesto cómo Dios desde el principio tuvo a bien escoger de entre los gentiles un pueblo para honra de su nombre. Con esto concuerdan las palabras de los profetas, tal como está escrito:

»"Después de esto volveré
y reedificaré la choza caída de David.

Reedificaré sus ruinas,
y la restauraré,

para que busque al Señor el resto de la humanidad,
todas las naciones que llevan mi nombre.

Así dice el Señor, que hace estas cosas"
conocidas desde tiempos antiguos.

»Por lo tanto, yo considero que debemos dejar de ponerles trabas a los gentiles que se convierten a Dios. Más bien debemos escribirles que se abstengan de lo contaminado por los ídolos, de la inmoralidad sexual, de la carne de animales estrangulados y de sangre. En efecto, desde tiempos antiguos Moisés siempre ha tenido en cada ciudad quien lo predique y lo lea en las sinagogas todos los sábados.

Entonces los apóstoles y los ancianos, de común acuerdo con toda la iglesia, decidieron escoger a algunos de ellos y enviarlos a Antioquía con Pablo y Bernabé. Escogieron a Judas, llamado Barsabás, y a Silas, que tenían buena reputación entre los hermanos. Con ellos mandaron la siguiente carta:

Los apóstoles y los ancianos,

a nuestros hermanos gentiles en Antioquía, Siria y Cilicia:

Saludos.

Nos hemos enterado de que algunos de los nuestros, sin nuestra autorización, los han inquietado a ustedes, alarmándoles con lo que les han dicho. Así que de común acuerdo hemos decidido escoger a algunos hombres y enviarlos a ustedes con nuestros queridos hermanos Pablo y Bernabé, quienes han arriesgado su vida por el nombre de nuestro Señor Jesucristo. Por tanto, les enviamos a Judas y a Silas para que les confirmen personalmente lo que les escribimos. Nos pareció bien al Espíritu Santo y a nosotros no imponerles a ustedes ninguna carga aparte de los siguientes requisitos: abstenerse de lo sacrificado a los ídolos, de sangre, de la carne de animales estrangulados y de la inmoralidad sexual. Bien harán ustedes si evitan estas cosas.

Con nuestros mejores deseos.

Una vez despedidos, ellos bajaron a Antioquía, donde reunieron a la congregación y entregaron la carta. Los creyentes la leyeron y se alegraron por su mensaje alentador. Judas y Silas, que también eran profetas, hablaron extensamente para animarlos y fortalecerlos. Después de pasar algún tiempo allí, los hermanos los despidieron en paz, para que regresaran a quienes los habían enviado. Pablo y Bernabé permanecieron en Antioquía, enseñando y anunciando la palabra del Señor en compañía de muchos otros.

Algún tiempo después, Pablo le dijo a Bernabé: «Volvamos a visitar a los creyentes en todas las ciudades en donde hemos anunciado la palabra del Señor, y veamos cómo están.» Resulta que Bernabé quería llevar con ellos a Juan Marcos, pero a Pablo no le pareció prudente llevarlo, porque los había abandonado en Panfilia y no había seguido con ellos en el trabajo. Se produjo entre ellos un conflicto tan serio que acabaron por separarse. Bernabé se llevó a Marcos y se embarcó rumbo a Chipre, mientras que Pablo escogió a Silas. Después de que los hermanos lo encomendaron a la gracia del Señor, Pablo partió y viajó por Siria y Cilicia, consolidando a las iglesias.

Llegó Pablo a Derbe y después a Listra, donde se encontró con un discípulo llamado Timoteo, hijo de una mujer judía creyente, pero de padre griego. Los hermanos en Listra y en Iconio hablaban bien de Timoteo, así que Pablo decidió llevárselo. Por causa de los judíos que vivían en aquella región, lo circuncidó, pues todos sabían que su padre era griego. Al pasar por las ciudades, entregaban los acuerdos tomados por los apóstoles y los ancianos de Jerusalén, para que los pusieran en práctica. Y así las iglesias se fortalecían en la fe y crecían en número día tras día.

Atravesaron la región de Frigia y Galacia, ya que el Espíritu Santo les había impedido que predicaran la palabra en la provincia de Asia. Cuando llegaron cerca de Misia, intentaron pasar a Bitinia, pero el Espíritu de Jesús no se lo permitió. Entonces, pasando de largo por Misia, bajaron a Troas. Durante la noche Pablo tuvo una visión en la que un hombre de Macedonia, puesto de pie, le rogaba: «Pasa a Macedonia y ayúdanos.» Después de que Pablo tuvo la visión, en seguida nos preparamos para partir hacia Macedonia, convencidos de que Dios nos había llamado a anunciar el evangelio a los macedonios.

Zarpando de Troas, navegamos directamente a Samotracia, y al día siguiente a Neápolis. De allí fuimos a Filipos, que es una colonia romana y la ciudad principal de ese distrito de Macedonia. En esa ciudad nos quedamos varios días.

El sábado salimos a las afueras de la ciudad, y fuimos por la orilla del río, donde esperábamos encontrar un lugar de oración. Nos sentamos y nos pusimos a conversar con las mujeres que se habían reunido. Una de ellas, que se llamaba Lidia, adoraba a Dios. Era de la ciudad de Tiatira y vendía telas de púrpura. Mientras escuchaba, el Señor le abrió el corazón para que respondiera al mensaje de Pablo. Cuando fue bautizada con su familia, nos hizo la siguiente invitación: «Si ustedes me consideran creyente en el Señor, vengan a hospedarse en mi casa.» Y nos persuadió.

Una vez, cuando íbamos al lugar de oración, nos salió al encuentro una joven esclava que tenía un espíritu de adivinación. Con sus poderes ganaba mucho dinero para sus amos. Nos seguía a Pablo y a nosotros, gritando:

—Estos hombres son siervos del Dios Altísimo, y les anuncian a ustedes el camino de salvación.

Así continuó durante muchos días. Por fin Pablo se molestó tanto que se volvió y reprendió al espíritu:

—¡En el nombre de Jesucristo, te ordeno que salgas de ella!

Y en aquel mismo momento el espíritu la dejó.

Cuando los amos de la joven se dieron cuenta de que se les había esfumado la esperanza de ganar dinero, echaron mano a Pablo y a Silas y los arrastraron a la plaza, ante las autoridades. Los presentaron ante los magistrados y dijeron:

—Estos hombres son judíos, y están alborotando a nuestra ciudad, enseñando costumbres que a los romanos se nos prohíbe admitir o practicar.

Entonces la multitud se amotinó contra Pablo y Silas, y los magistrados mandaron que les arrancaran la ropa y los azotaran. Después de darles muchos golpes, los echaron en la cárcel, y ordenaron al carcelero que los custodiara con la mayor seguridad. Al recibir tal orden, éste los metió en el calabozo interior y les sujetó los pies en el cepo.

A eso de la medianoche, Pablo y Silas se pusieron a orar y a cantar himnos a Dios, y los otros presos los escuchaban. De repente se produjo un terremoto tan fuerte que la cárcel se estremeció hasta sus cimientos. Al instante se abrieron todas las puertas y a los presos se les soltaron las cadenas. El carcelero despertó y, al ver las puertas de la cárcel de par en par, sacó la espada y estuvo a punto de matarse, porque pensaba que los presos se habían escapado. Pero Pablo le gritó:

—¡No te hagas ningún daño! ¡Todos estamos aquí!

El carcelero pidió luz, entró precipitadamente y se echó temblando a los pies de Pablo y de Silas. Luego los sacó y les preguntó:

—Señores, ¿qué tengo que hacer para ser salvo?

—Cree en el Señor Jesús; así tú y tu familia serán salvos —le contestaron.

Luego les expusieron la palabra de Dios a él y a todos los demás que estaban en su casa. A esas horas de la noche, el carcelero se los llevó y les lavó las heridas; en seguida fueron bautizados él y toda su familia. El carcelero los llevó a su casa, les sirvió comida y se alegró mucho junto con toda su familia por haber creído en Dios.

Al amanecer, los magistrados mandaron a unos guardias al carcelero con esta orden: «Suelta a esos hombres.» El carcelero, entonces, le informó a Pablo:

—Los magistrados han ordenado que los suelte. Así que pueden irse. Vayan en paz.

Pero Pablo respondió a los guardias:

—¿Cómo? A nosotros, que somos ciudadanos romanos, que nos han azotado públicamente y sin proceso alguno, y nos han echado en la cárcel, ¿ahora quieren expulsarnos a escondidas? ¡Nada de eso! Que vengan ellos personalmente a escoltarnos hasta la salida.

Los guardias comunicaron la respuesta a los magistrados. Éstos se asustaron cuando oyeron que Pablo y Silas eran ciudadanos romanos, así que fueron a presentarles sus disculpas. Los escoltaron desde la cárcel, pidiéndoles que se fueran de la ciudad. Al salir de la cárcel, Pablo y Silas se dirigieron a la casa de Lidia, donde se vieron con los hermanos y los animaron. Después se fueron.

Atravesando Anfípolis y Apolonia, Pablo y Silas llegaron a Tesalónica, donde había una sinagoga de los judíos. Como era su costumbre, Pablo entró en la sinagoga y tres sábados seguidos discutió con ellos. Basándose en las Escrituras, les explicaba y demostraba que era necesario que el Mesías padeciera y resucitara. Les decía: «Este Jesús que les anuncio es el Mesías.» Algunos de los judíos se convencieron y se unieron a Pablo y a Silas, como también lo hicieron un buen número de mujeres prominentes y muchos griegos que adoraban a Dios.

Pero los judíos, llenos de envidia, reclutaron a unos maleantes callejeros, con los que armaron una turba y empezaron a alborotar la ciudad. Asaltaron la casa de Jasón en busca de Pablo y Silas, con el fin de procesarlos públicamente. Pero como no los encontraron, arrastraron a Jasón y a algunos otros hermanos ante las autoridades de la ciudad, gritando: «¡Estos que han trastornado el mundo entero han venido también acá, y Jasón los ha recibido en su casa! Todos ellos actúan en contra de los decretos del emperador, afirmando que hay otro rey, uno que se llama Jesús.» Al oír esto, la multitud y las autoridades de la ciudad se alborotaron; entonces éstas exigieron fianza a Jasón y a los demás para dejarlos en libertad.

Tan pronto como se hizo de noche, los hermanos enviaron a Pablo y a Silas a Berea, quienes al llegar se dirigieron a la sinagoga de los judíos. Éstos eran de sentimientos más nobles que los de Tesalónica, de modo que recibieron el mensaje con toda avidez y todos los días examinaban las Escrituras para ver si era verdad lo que se les anunciaba. Muchos de los judíos creyeron, y también un buen número de griegos, incluso mujeres distinguidas y no pocos hombres.

Cuando los judíos de Tesalónica se enteraron de que también en Berea estaba Pablo predicando la palabra de Dios, fueron allá para agitar y alborotar a las multitudes. En seguida los hermanos enviaron a Pablo hasta la costa, pero Silas y Timoteo se quedaron en Berea. Los que acompañaban a Pablo lo llevaron hasta Atenas. Luego regresaron con instrucciones de que Silas y Timoteo se reunieran con él tan pronto como les fuera posible.

Mientras Pablo los esperaba en Atenas, le dolió en el alma ver que la ciudad estaba llena de ídolos. Así que discutía en la sinagoga con los judíos y con los griegos que adoraban a Dios, y a diario hablaba en la plaza con los que se encontraban por allí. Algunos filósofos epicúreos y estoicos entablaron conversación con él. Unos decían: «¿Qué querrá decir este charlatán?» Otros comentaban: «Parece que es predicador de dioses extranjeros.» Decían esto porque Pablo les anunciaba las buenas nuevas de Jesús y de la resurrección. Entonces se lo llevaron a una reunión del Areópago.

—¿Se puede saber qué nueva enseñanza es esta que usted presenta? —le preguntaron—. Porque nos viene usted con ideas que nos suenan extrañas, y queremos saber qué significan.

Es que todos los atenienses y los extranjeros que vivían allí se pasaban el tiempo sin hacer otra cosa más que escuchar y comentar las últimas novedades.

Pablo se puso en medio del Areópago y tomó la palabra:

—¡Ciudadanos atenienses! Observo que ustedes son sumamente religiosos en todo lo que hacen. Al pasar y fijarme en sus lugares sagrados, encontré incluso un altar con esta inscripción: A un Dios desconocido. Pues bien, eso que ustedes adoran como algo desconocido es lo que yo les anuncio.

»El Dios que hizo el mundo y todo lo que hay en él es Señor del cielo y de la tierra. No vive en templos construidos por hombres, ni se deja servir por manos humanas, como si necesitara de algo. Por el contrario, él es quien da a todos la vida, el aliento y todas las cosas. De un solo hombre hizo todas las naciones para que habitaran toda la tierra; y determinó los períodos de su historia y las fronteras de sus territorios. Esto lo hizo Dios para que todos lo busquen y, aunque sea a tientas, lo encuentren. En verdad, él no está lejos de ninguno de nosotros, "puesto que en él vivimos, nos movemos y existimos". Como algunos de sus propios poetas griegos han dicho: "De él somos descendientes."

»Por tanto, siendo descendientes de Dios, no debemos pensar que la divinidad sea como el oro, la plata o la piedra: escultura hecha como resultado del ingenio y de la destreza del ser humano. Pues bien, Dios pasó por alto aquellos tiempos de tal ignorancia, pero ahora manda a todos, en todas partes, que se arrepientan. Él ha fijado un día en que juzgará al mundo con justicia, por medio del hombre que ha designado. De ello ha dado pruebas a todos al levantarlo de entre los muertos.

Cuando oyeron de la resurrección, unos se burlaron; pero otros le dijeron:

—Queremos que usted nos hable en otra ocasión sobre este tema.

En ese momento Pablo salió de la reunión. Algunas personas se unieron a Pablo y creyeron. Entre ellos estaba Dionisio, miembro del Areópago, también una mujer llamada Dámaris, y otros más.

Después de esto, Pablo se marchó de Atenas y se fue a Corinto. Allí se encontró con un judío llamado Aquila, natural del Ponto, y con su esposa Priscila. Hacía poco habían llegado de Italia, porque Claudio había mandado que todos los judíos fueran expulsados de Roma. Pablo fue a verlos y, como hacía tiendas de campaña al igual que ellos, se quedó para que trabajaran juntos. Todos los sábados discutía en la sinagoga, tratando de persuadir a judíos y a griegos.

Cuando Silas y Timoteo llegaron de Macedonia, Pablo se dedicó exclusivamente a la predicación, testificándoles a los judíos que Jesús era el Mesías. Pero cuando los judíos se opusieron a Pablo y lo insultaron, éste se sacudió la ropa en señal de protesta y les dijo: «¡Caiga la sangre de ustedes sobre su propia cabeza! Estoy libre de responsabilidad. De ahora en adelante me dirigiré a los gentiles.»

Entonces Pablo salió de la sinagoga y se fue a la casa de un tal Ticio Justo, que adoraba a Dios y que vivía al lado de la sinagoga. Crispo, el jefe de la sinagoga, creyó en el Señor con toda su familia. También creyeron y fueron bautizados muchos de los corintios que oyeron a Pablo.

Una noche el Señor le dijo a Pablo en una visión: «No tengas miedo; sigue hablando y no te calles, pues estoy contigo. Aunque te ataquen, no voy a dejar que nadie te haga daño, porque tengo mucha gente en esta ciudad.» Así que Pablo se quedó allí un año y medio, enseñando entre el pueblo la palabra de Dios.

Mientras Galión era gobernador de Acaya, los judíos a una atacaron a Pablo y lo condujeron al tribunal.

—Este hombre —denunciaron ellos— anda persuadiendo a la gente a adorar a Dios de una manera que va en contra de nuestra ley.

Pablo ya iba a hablar cuando Galión les dijo:

—Si ustedes los judíos estuvieran entablando una demanda sobre algún delito o algún crimen grave, sería razonable que los escuchara. Pero como se trata de cuestiones de palabras, de nombres y de su propia ley, arréglense entre ustedes. No quiero ser juez de tales cosas.

Así que mandó que los expulsaran del tribunal. Entonces se abalanzaron todos sobre Sóstenes, el jefe de la sinagoga, y lo golpearon delante del tribunal. Pero Galión no le dio ninguna importancia al asunto.

Pablo permaneció en Corinto algún tiempo más.

Después se despidió de los hermanos y emprendió el viaje rumbo a Siria, acompañado de Priscila y Aquila. En Cencreas, antes de embarcarse, se hizo rapar la cabeza a causa de un voto que había hecho. Al llegar a Éfeso, Pablo se separó de sus acompañantes y entró en la sinagoga, donde se puso a discutir con los judíos. Éstos le pidieron que se quedara más tiempo con ellos. Él no accedió, pero al despedirse les prometió: «Ya volveré, si Dios quiere.» Y zarpó de Éfeso. Cuando desembarcó en Cesarea, subió a Jerusalén a saludar a la iglesia y luego bajó a Antioquía.

Después de pasar algún tiempo allí, Pablo se fue a visitar una por una las congregaciones de Galacia y Frigia, animando a todos los discípulos.

Por aquel entonces llegó a Éfeso un judío llamado Apolos, natural de Alejandría. Era un hombre ilustrado y convincente en el uso de las Escrituras. Había sido instruido en el camino del Señor, y con gran fervor hablaba y enseñaba con la mayor exactitud acerca de Jesús, aunque conocía sólo el bautismo de Juan. Comenzó a hablar valientemente en la sinagoga. Al oírlo Priscila y Aquila, lo tomaron a su cargo y le explicaron con mayor precisión el camino de Dios.

Como Apolos quería pasar a Acaya, los hermanos lo animaron y les escribieron a los discípulos de allá para que lo recibieran. Cuando llegó, ayudó mucho a quienes por la gracia habían creído, pues refutaba vigorosamente en público a los judíos, demostrando por las Escrituras que Jesús es el Mesías.

Mientras Apolos estaba en Corinto, Pablo recorrió las regiones del interior y llegó a Éfeso. Allí encontró a algunos discípulos.

—¿Recibieron ustedes el Espíritu Santo cuando creyeron? —les preguntó.

—No, ni siquiera hemos oído hablar del Espíritu Santo —respondieron.

—Entonces, ¿qué bautismo recibieron?

—El bautismo de Juan.

Pablo les explicó:

—El bautismo de Juan no era más que un bautismo de arrepentimiento. Él le decía al pueblo que creyera en el que venía después de él, es decir, en Jesús.

Al oír esto, fueron bautizados en el nombre del Señor Jesús. Cuando Pablo les impuso las manos, el Espíritu Santo vino sobre ellos, y empezaron a hablar en lenguas y a profetizar. Eran en total unos doce hombres.

Pablo entró en la sinagoga y habló allí con toda valentía durante tres meses. Discutía acerca del reino de Dios, tratando de convencerlos, pero algunos se negaron obstinadamente a creer, y ante la congregación hablaban mal del Camino. Así que Pablo se alejó de ellos y formó un grupo aparte con los discípulos; y a diario debatía en la escuela de Tirano. Esto continuó por espacio de dos años, de modo que todos los judíos y los griegos que vivían en la provincia de Asia llegaron a escuchar la palabra del Señor.

Dios hacía milagros extraordinarios por medio de Pablo, a tal grado que a los enfermos les llevaban pañuelos y delantales que habían tocado el cuerpo de Pablo, y quedaban sanos de sus enfermedades, y los espíritus malignos salían de ellos.

Algunos judíos que andaban expulsando espíritus malignos intentaron invocar sobre los endemoniados el nombre del Señor Jesús. Decían: «¡En el nombre de Jesús, a quien Pablo predica, les ordeno que salgan!» Esto lo hacían siete hijos de un tal Esceva, que era uno de los jefes de los sacerdotes judíos.

Un día el espíritu maligno les replicó: «Conozco a Jesús, y sé quién es Pablo, pero ustedes ¿quiénes son?» Y abalanzándose sobre ellos, el hombre que tenía el espíritu maligno los dominó a todos. Los maltrató con tanta violencia que huyeron de la casa desnudos y heridos.

Cuando se enteraron los judíos y los griegos que vivían en Éfeso, el temor se apoderó de todos ellos, y el nombre del Señor Jesús era glorificado. Muchos de los que habían creído llegaban ahora y confesaban públicamente sus prácticas malvadas. Un buen número de los que practicaban la hechicería juntaron sus libros en un montón y los quemaron delante de todos. Cuando calcularon el precio de aquellos libros, resultó un total de cincuenta mil monedas de plata. Así la palabra del Señor crecía y se difundía con poder arrollador.

Después de todos estos sucesos, Pablo tomó la determinación de ir a Jerusalén, pasando por Macedonia y Acaya. Decía: «Después de estar allí, tengo que visitar Roma.» Entonces envió a Macedonia a dos de sus ayudantes, Timoteo y Erasto, mientras él se quedaba por algún tiempo en la provincia de Asia.

Por aquellos días se produjo un gran disturbio a propósito del Camino. Un platero llamado Demetrio, que hacía figuras en plata del templo de Artemisa, proporcionaba a los artesanos no poca ganancia. Los reunió con otros obreros del ramo, y les dijo:

—Compañeros, ustedes saben que obtenemos buenos ingresos de este oficio. Les consta además que el tal Pablo ha logrado persuadir a mucha gente, no sólo en Éfeso sino en casi toda la provincia de Asia. Él sostiene que no son dioses los que se hacen con las manos. Ahora bien, no sólo hay el peligro de que se desprestigie nuestro oficio, sino también de que el templo de la gran diosa Artemisa sea menospreciado, y que la diosa misma, a quien adoran toda la provincia de Asia y el mundo entero, sea despojada de su divina majestad.

Al oír esto, se enfurecieron y comenzaron a gritar:

—¡Grande es Artemisa de los efesios!

En seguida toda la ciudad se alborotó. La turba en masa se precipitó en el teatro, arrastrando a Gayo y a Aristarco, compañeros de viaje de Pablo, que eran de Macedonia. Pablo quiso presentarse ante la multitud, pero los discípulos no se lo permitieron. Incluso algunas autoridades de la provincia, que eran amigos de Pablo, le enviaron un recado, rogándole que no se arriesgara a entrar en el teatro.

Había confusión en la asamblea. Cada uno gritaba una cosa distinta, y la mayoría ni siquiera sabía para qué se habían reunido. Los judíos empujaron a un tal Alejandro hacia adelante, y algunos de entre la multitud lo sacaron para que tomara la palabra. Él agitó la mano para pedir silencio y presentar su defensa ante el pueblo. Pero cuando se dieron cuenta de que era judío, todos se pusieron a gritar al unísono como por dos horas:

—¡Grande es Artemisa de los efesios!

El secretario del concejo municipal logró calmar a la multitud y dijo:

—Ciudadanos de Éfeso, ¿acaso no sabe todo el mundo que la ciudad de Éfeso es guardiana del templo de la gran Artemisa y de su estatua bajada del cielo? Ya que estos hechos son innegables, es preciso que ustedes se calmen y no hagan nada precipitadamente. Ustedes han traído a estos hombres, aunque ellos no han cometido ningún sacrilegio ni han blasfemado contra nuestra diosa. Así que si Demetrio y sus compañeros de oficio tienen alguna queja contra alguien, para eso hay tribunales y gobernadores. Vayan y presenten allí sus acusaciones unos contra otros. Si tienen alguna otra demanda, que se resuelva en legítima asamblea. Tal y como están las cosas, con los sucesos de hoy corremos el riesgo de que nos acusen de causar disturbios. ¿Qué razón podríamos dar de este alboroto, si no hay ninguna?

Dicho esto, despidió la asamblea.

Cuando cesó el alboroto, Pablo mandó llamar a los discípulos y, después de animarlos, se despidió y salió rumbo a Macedonia. Recorrió aquellas regiones, alentando a los creyentes en muchas ocasiones, y por fin llegó a Grecia, donde se quedó tres meses. Como los judíos tramaban un atentado contra él cuando estaba a punto de embarcarse para Siria, decidió regresar por Macedonia. Lo acompañaron Sópater hijo de Pirro, de Berea; Aristarco y Segundo, de Tesalónica; Gayo, de Derbe; Timoteo; y por último, Tíquico y Trófimo, de la provincia de Asia. Éstos se adelantaron y nos esperaron en Troas. Pero nosotros zarpamos de Filipos después de la fiesta de los Panes sin levadura, y a los cinco días nos reunimos con los otros en Troas, donde pasamos siete días.

El primer día de la semana nos reunimos para partir el pan. Como iba a salir al día siguiente, Pablo estuvo hablando a los creyentes, y prolongó su discurso hasta la medianoche. En el cuarto del piso superior donde estábamos reunidos había muchas lámparas. Un joven llamado Eutico, que estaba sentado en una ventana, comenzó a dormirse mientras Pablo alargaba su discurso. Cuando se quedó profundamente dormido, se cayó desde el tercer piso y lo recogieron muerto. Pablo bajó, se echó sobre el joven y lo abrazó. «¡No se alarmen! —les dijo—. ¡Está vivo!» Luego volvió a subir, partió el pan y comió. Siguió hablando hasta el amanecer, y entonces se fue. Al joven se lo llevaron vivo a su casa, para gran consuelo de todos.

Nosotros, por nuestra parte, nos embarcamos anticipadamente y zarpamos para Asón, donde íbamos a recoger a Pablo. Así se había planeado, ya que él iba a hacer esa parte del viaje por tierra. Cuando se encontró con nosotros en Asón, lo tomamos a bordo y fuimos a Mitilene. Desde allí zarpamos al día siguiente y llegamos frente a Quío. Al otro día cruzamos en dirección a Samos, y un día después llegamos a Mileto. Pablo había decidido pasar de largo a Éfeso para no demorarse en la provincia de Asia, porque tenía prisa por llegar a Jerusalén para el día de Pentecostés, si fuera posible.

Desde Mileto, Pablo mandó llamar a los ancianos de la iglesia de Éfeso. Cuando llegaron, les dijo: «Ustedes saben cómo me porté todo el tiempo que estuve con ustedes, desde el primer día que vine a la provincia de Asia. He servido al Señor con toda humildad y con lágrimas, a pesar de haber sido sometido a duras pruebas por las maquinaciones de los judíos. Ustedes saben que no he vacilado en predicarles nada que les fuera de provecho, sino que les he enseñado públicamente y en las casas. A judíos y a griegos les he instado a convertirse a Dios y a creer en nuestro Señor Jesús.

»Y ahora tengan en cuenta que voy a Jerusalén obligado por el Espíritu, sin saber lo que allí me espera. Lo único que sé es que en todas las ciudades el Espíritu Santo me asegura que me esperan prisiones y sufrimientos. Sin embargo, considero que mi vida carece de valor para mí mismo, con tal de que termine mi carrera y lleve a cabo el servicio que me ha encomendado el Señor Jesús, que es el de dar testimonio del evangelio de la gracia de Dios.

»Escuchen, yo sé que ninguno de ustedes, entre quienes he andado predicando el reino de Dios, volverá a verme. Por tanto, hoy les declaro que soy inocente de la sangre de todos, porque sin vacilar les he proclamado todo el propósito de Dios. Tengan cuidado de sí mismos y de todo el rebaño sobre el cual el Espíritu Santo los ha puesto como obispos para pastorear la iglesia de Dios, que él adquirió con su propia sangre. Sé que después de mi partida entrarán en medio de ustedes lobos feroces que procurarán acabar con el rebaño. Aun de entre ustedes mismos se levantarán algunos que enseñarán falsedades para arrastrar a los discípulos que los sigan. Así que estén alerta. Recuerden que día y noche, durante tres años, no he dejado de amonestar con lágrimas a cada uno en particular.

»Ahora los encomiendo a Dios y al mensaje de su gracia, mensaje que tiene poder para edificarlos y darles herencia entre todos los santificados. No he codiciado ni la plata ni el oro ni la ropa de nadie. Ustedes mismos saben bien que estas manos se han ocupado de mis propias necesidades y de las de mis compañeros. Con mi ejemplo les he mostrado que es preciso trabajar duro para ayudar a los necesitados, recordando las palabras del Señor Jesús: "Hay más dicha en dar que en recibir."»

Después de decir esto, Pablo se puso de rodillas con todos ellos y oró. Todos lloraban inconsolablemente mientras lo abrazaban y lo besaban. Lo que más los entristecía era su declaración de que ellos no volverían a verlo. Luego lo acompañaron hasta el barco.

Después de separarnos de ellos, zarpamos y navegamos directamente a Cos. Al día siguiente fuimos a Rodas, y de allí a Pátara. Como encontramos un barco que iba para Fenicia, subimos a bordo y zarpamos. Después de avistar Chipre y de pasar al sur de la isla, navegamos hacia Siria y llegamos a Tiro, donde el barco tenía que descargar. Allí encontramos a los discípulos y nos quedamos con ellos siete días. Ellos, por medio del Espíritu, exhortaron a Pablo a que no subiera a Jerusalén. Pero al cabo de algunos días, partimos y continuamos nuestro viaje. Todos los discípulos, incluso las mujeres y los niños, nos acompañaron hasta las afueras de la ciudad, y allí en la playa nos arrodillamos y oramos. Luego de despedirnos, subimos a bordo y ellos regresaron a sus hogares.

Nosotros continuamos nuestro viaje en barco desde Tiro y arribamos a Tolemaida, donde saludamos a los hermanos y nos quedamos con ellos un día. Al día siguiente salimos y llegamos a Cesarea, y nos hospedamos en casa de Felipe el evangelista, que era uno de los siete; éste tenía cuatro hijas solteras que profetizaban.

Llevábamos allí varios días, cuando bajó de Judea un profeta llamado Ágabo. Éste vino a vernos y, tomando el cinturón de Pablo, se ató con él de pies y manos, y dijo:

—Así dice el Espíritu Santo: "De esta manera atarán los judíos de Jerusalén al dueño de este cinturón, y lo entregarán en manos de los gentiles."

Al oír esto, nosotros y los de aquel lugar le rogamos a Pablo que no subiera a Jerusalén.

—¿Por qué lloran? ¡Me parten el alma! —respondió Pablo—. Por el nombre del Señor Jesús estoy dispuesto no sólo a ser atado sino también a morir en Jerusalén.

Como no se dejaba convencer, desistimos exclamando:

—¡Que se haga la voluntad del Señor!

Después de esto, acabamos los preparativos y subimos a Jerusalén. Algunos de los discípulos de Cesarea nos acompañaron y nos llevaron a la casa de

Mnasón, donde íbamos a alojarnos. Éste era de Chipre, y uno de los primeros discípulos.

Cuando llegamos a Jerusalén, los creyentes nos recibieron calurosamente. Al día siguiente Pablo fue con nosotros a ver a Jacobo, y todos los ancianos estaban presentes. Después de saludarlos, Pablo les relató detalladamente lo que Dios había hecho entre los gentiles por medio de su ministerio.

Al oírlo, alabaron a Dios. Luego le dijeron a Pablo: «Ya ves, hermano, cuántos miles de judíos han creído, y todos ellos siguen aferrados a la ley. Ahora bien, han oído decir que tú enseñas que se aparten de Moisés todos los judíos que viven entre los gentiles. Les recomiendas que no circunciden a sus hijos ni vivan según nuestras costumbres. ¿Qué vamos a hacer? Sin duda se van a enterar de que has llegado. Por eso, será mejor que sigas nuestro consejo. Hay aquí entre nosotros cuatro hombres que tienen que cumplir un voto. Llévatelos, toma parte en sus ritos de purificación y paga los gastos que corresponden al voto de rasurarse la cabeza. Así todos sabrán que no son ciertos esos informes acerca de ti, sino que tú también vives en obediencia a la ley. En cuanto a los creyentes gentiles, ya les hemos comunicado por escrito nuestra decisión de que se abstengan de lo sacrificado a los ídolos, de sangre, de la carne de animales estrangulados y de la inmoralidad sexual.»

Al día siguiente Pablo se llevó a los hombres y se purificó con ellos. Luego entró en el templo para dar aviso de la fecha en que vencería el plazo de la purificación y se haría la ofrenda por cada uno de ellos.

Cuando estaban a punto de cumplirse los siete días, unos judíos de la provincia de Asia vieron a Pablo en el templo. Alborotaron a toda la multitud y le echaron mano, gritando: «¡Israelitas! ¡Ayúdennos! Éste es el individuo que anda por todas partes enseñando a toda la gente contra nuestro pueblo, nuestra ley y este lugar. Además, hasta ha metido a unos griegos en el templo, y ha profanado este lugar santo.»

Ya antes habían visto en la ciudad a Trófimo el efesio en compañía de Pablo, y suponían que Pablo lo había metido en el templo.

Toda la ciudad se alborotó. La gente se precipitó en masa, agarró a Pablo y lo sacó del templo a rastras, e inmediatamente se cerraron las puertas. Estaban por matarlo, cuando se le informó al comandante del batallón romano que toda la ciudad de Jerusalén estaba amotinada. En seguida tomó algunos centuriones con sus tropas, y bajó corriendo hacia la multitud. Al ver al comandante y a sus soldados, los amotinados dejaron de golpear a Pablo.

El comandante se abrió paso, lo arrestó y ordenó que lo sujetaran con dos cadenas. Luego preguntó quién era y qué había hecho. Entre la multitud cada uno gritaba una cosa distinta. Como el comandante no pudo averiguar la verdad a causa del alboroto, mandó que condujeran a Pablo al cuartel. Cuando Pablo llegó a las gradas, los soldados tuvieron que llevárselo en vilo debido a la violencia de la turba. El pueblo en masa iba detrás gritando: «¡Que lo maten!»

Cuando los soldados estaban a punto de meterlo en el cuartel, Pablo le preguntó al comandante:

—¿Me permite decirle algo?

—¿Hablas griego? —replicó el comandante—. ¿No eres el egipcio que hace algún tiempo provocó una rebelión y llevó al desierto a cuatro mil guerrilleros?

—No, yo soy judío, natural de Tarso, una ciudad muy importante de Cilicia —le respondió Pablo—. Por favor, permítame hablarle al pueblo.

Con el permiso del comandante, Pablo se puso de pie en las gradas e hizo una señal con la mano a la multitud. Cuando todos guardaron silencio, les dijo en arameo:

Padres y hermanos, escuchen ahora mi defensa.»

Al oír que les hablaba en arameo, guardaron más silencio.

Pablo continuó: «Yo soy judío, nacido en Tarso de Cilicia, pero criado en esta ciudad. Bajo la tutela de Gamaliel recibí instrucción cabal en la ley de nuestros antepasados, y fui tan celoso de Dios como cualquiera de ustedes lo es hoy día. Perseguí a muerte a los seguidores de este Camino, arrestando y echando en la cárcel a hombres y mujeres por igual, y así lo pueden atestiguar el sumo sacerdote y todo el Consejo de ancianos. Incluso obtuve de parte de ellos cartas de extradición para nuestros hermanos judíos en Damasco, y fui allá con el fin de traer presos a Jerusalén a los que encontrara, para que fueran castigados.

»Sucedió que a eso del mediodía, cuando me acercaba a Damasco, una intensa luz del cielo relampagueó de repente a mi alrededor. Caí al suelo y oí una voz que me decía: "Saulo, Saulo, ¿por qué me persigues?" "¿Quién eres, Señor?", pregunté. "Yo soy Jesús de Nazaret, a quien tú persigues", me contestó él. Los que me acompañaban vieron la luz, pero no percibieron la voz del que me hablaba. "¿Qué debo hacer, Señor?", le pregunté. "Levántate —dijo el Señor—, y entra en Damasco. Allí se te dirá todo lo que se ha dispuesto que hagas." Mis compañeros me llevaron de la mano hasta Damasco porque el resplandor de aquella luz me había dejado ciego.

»Vino a verme un tal Ananías, hombre devoto que observaba la ley y a quien respetaban mucho los judíos que allí vivían. Se puso a mi lado y me dijo: "Hermano Saulo, ¡recibe la vista!" Y en aquel mismo instante recobré la vista y pude verlo. Luego dijo: "El Dios de nuestros antepasados te ha escogido para que conozcas su voluntad, y para que veas al Justo y oigas las palabras de su boca. Tú le serás testigo ante toda persona de lo que has visto y oído. Y ahora, ¿qué esperas? Levántate, bautízate y lávate de tus pecados, invocando su nombre."

»Cuando volví a Jerusalén, mientras oraba en el templo tuve una visión y vi al Señor que me hablaba: "¡Date prisa! Sal inmediatamente de Jerusalén, porque no aceptarán tu testimonio acerca de mí." "Señor —le respondí—, ellos saben que yo andaba de sinagoga en sinagoga encarcelando y azotando a los que creen en ti; y cuando se derramaba la sangre de tu testigo Esteban, ahí estaba yo, dando mi aprobación y cuidando la ropa de quienes lo mataban." Pero el Señor me replicó: "Vete; yo te enviaré lejos, a los gentiles."»

La multitud estuvo escuchando a Pablo hasta que pronunció esas palabras. Entonces levantaron la voz y gritaron: «¡Bórralo de la tierra! ¡Ese tipo no merece vivir!»

Como seguían gritando, tirando sus mantos y arrojando polvo al aire, el comandante ordenó que metieran a Pablo en el cuartel. Mandó que lo interrogaran a latigazos con el fin de averiguar por qué gritaban así contra él. Cuando lo estaban sujetando con cadenas para azotarlo, Pablo le dijo al centurión que estaba allí:

—¿Permite la ley que ustedes azoten a un ciudadano romano antes de ser juzgado?

Al oír esto, el centurión fue y avisó al comandante.

—¿Qué va a hacer usted? Resulta que ese hombre es ciudadano romano.

El comandante se acercó a Pablo y le dijo:

—Dime, ¿eres ciudadano romano?

—Sí, lo soy.

—A mí me costó una fortuna adquirir mi ciudadanía —le dijo el comandante.

—Pues yo la tengo de nacimiento —replicó Pablo.

Los que iban a interrogarlo se retiraron en seguida. Al darse cuenta de que Pablo era ciudadano romano, el comandante mismo se asustó de haberlo encadenado.

Al día siguiente, como el comandante quería saber con certeza de qué acusaban los judíos a Pablo, lo desató y mandó que se reunieran los jefes de los sacerdotes y el Consejo en pleno. Luego llevó a Pablo para que compareciera ante ellos.

Pablo se quedó mirando fijamente al Consejo y dijo:

—Hermanos, hasta hoy yo he actuado delante de Dios con toda buena conciencia.

Ante esto, el sumo sacerdote Ananías ordenó a los que estaban cerca de Pablo que lo golpearan en la boca.

—¡Hipócrita, a usted también lo va a golpear Dios! —reaccionó Pablo—. ¡Ahí está sentado para juzgarme según la ley!, ¿y usted mismo viola la ley al mandar que me golpeen?

Los que estaban junto a Pablo le interpelaron:

—¿Cómo te atreves a insultar al sumo sacerdote de Dios?

—Hermanos, no me había dado cuenta de que es el sumo sacerdote —respondió Pablo—; de hecho está escrito: "No hables mal del jefe de tu pueblo."

Pablo, sabiendo que unos de ellos eran saduceos y los demás fariseos, exclamó en el Consejo:

—Hermanos, yo soy fariseo de pura cepa. Me están juzgando porque he puesto mi esperanza en la resurrección de los muertos.

Apenas dijo esto, surgió un altercado entre los fariseos y los saduceos, y la asamblea quedó dividida. (Los saduceos sostienen que no hay resurrección, ni ángeles ni espíritus; los fariseos, en cambio, reconocen todo esto.)

Se produjo un gran alboroto, y algunos de los maestros de la ley que eran fariseos se pusieron de pie y protestaron. «No encontramos ningún delito en este hombre —dijeron—. ¿Acaso no podría haberle hablado un espíritu o un ángel?» Se tornó tan violento el altercado que el comandante tuvo miedo de que hicieran pedazos a Pablo. Así que ordenó a los soldados que bajaran para sacarlo de allí por la fuerza y llevárselo al cuartel.

A la noche siguiente el Señor se apareció a Pablo, y le dijo: «¡Ánimo! Así como has dado testimonio de mí en Jerusalén, es necesario que lo des también en Roma.»

Muy de mañana los judíos tramaron una conspiración y juraron bajo maldición no comer ni beber hasta que lograran matar a Pablo. Más de cuarenta hombres estaban implicados en esta conspiración. Se presentaron ante los jefes de los sacerdotes y los ancianos, y les dijeron:

—Nosotros hemos jurado bajo maldición no comer nada hasta que logremos matar a Pablo. Ahora, con el respaldo del Consejo, pídanle al comandante que haga comparecer al reo ante ustedes, con el pretexto de obtener información más precisa sobre su caso. Nosotros estaremos listos para matarlo en el camino.

Pero cuando el hijo de la hermana de Pablo se enteró de esta emboscada, entró en el cuartel y avisó a Pablo. Éste llamó entonces a uno de los centuriones y le pidió:

—Lleve a este joven al comandante, porque tiene algo que decirle.

Así que el centurión lo llevó al comandante, y le dijo:

—El preso Pablo me llamó y me pidió que le trajera este joven, porque tiene algo que decirle.

El comandante tomó de la mano al joven, lo llevó aparte y le preguntó:

—¿Qué quieres decirme?

—Los judíos se han puesto de acuerdo para pedirle a usted que mañana lleve a Pablo ante el Consejo con el pretexto de obtener información más precisa acerca de él. No se deje convencer, porque más de cuarenta de ellos lo esperan emboscados. Han jurado bajo maldición no comer ni beber hasta que hayan logrado matarlo. Ya están listos; sólo aguardan a que usted les conceda su petición.

El comandante despidió al joven con esta advertencia:

—No le digas a nadie que me has informado de esto.

Entonces el comandante llamó a dos de sus centuriones y les ordenó:

—Alisten un destacamento de doscientos soldados de infantería, setenta de caballería y doscientos lanceros para que vayan a Cesarea esta noche a las nueve. Y preparen cabalgaduras para llevar a Pablo sano y salvo al gobernador Félix.

Además, escribió una carta en estos términos:

Claudio Lisias,

a su excelencia el gobernador Félix:

Saludos.

Los judíos prendieron a este hombre y estaban a punto de matarlo, pero yo llegué con mis soldados y lo rescaté, porque me había enterado de que es ciudadano romano. Yo quería saber de qué lo acusaban, así que lo llevé al Consejo judío. Descubrí que lo acusaban de algunas cuestiones de su ley, pero no había contra él cargo alguno que mereciera la muerte o la cárcel. Cuando me informaron que se tramaba una conspiración contra este hombre, decidí enviarlo a usted en seguida. También les ordené a sus acusadores que expongan delante de usted los cargos que tengan contra él.

Así que los soldados, según se les había ordenado, tomaron a Pablo y lo llevaron de noche hasta Antípatris. Al día siguiente dejaron que la caballería siguiera con él mientras ellos volvían al cuartel. Cuando la caballería llegó a Cesarea, le entregaron la carta al gobernador y le presentaron también a Pablo. Félix leyó la carta y le preguntó de qué provincia era. Al enterarse de que Pablo era de Cilicia, le dijo: «Te daré audiencia cuando lleguen tus acusadores.» Y ordenó que lo dejaran bajo custodia en el palacio de Herodes.

Cinco días después, el sumo sacerdote Ananías bajó a Cesarea con algunos de los ancianos y un abogado llamado Tértulo, para presentar ante el gobernador las acusaciones contra Pablo. Cuando se hizo comparecer al acusado, Tértulo expuso su caso ante Félix:

—Excelentísimo Félix, bajo su mandato hemos disfrutado de un largo período de paz, y gracias a la previsión suya se han llevado a cabo reformas en pro de esta nación. En todas partes y en toda ocasión reconocemos esto con profunda gratitud. Pero a fin de no importunarlo más, le ruego que, con la bondad que lo caracteriza, nos escuche brevemente. Hemos descubierto que este hombre es una plaga que por todas partes anda provocando disturbios entre los judíos. Es cabecilla de la secta de los nazarenos. Incluso trató de profanar el templo; por eso lo prendimos. Usted mismo, al interrogarlo, podrá cerciorarse de la verdad de todas las acusaciones que presentamos contra él.

Los judíos corroboraron la acusación, afirmando que todo esto era cierto. Cuando el gobernador, con un gesto, le concedió la palabra, Pablo respondió:

—Sé que desde hace muchos años usted ha sido juez de esta nación; así que de buena gana presento mi defensa. Usted puede comprobar fácilmente que no hace más de doce días que subí a Jerusalén para adorar. Mis acusadores no me encontraron discutiendo con nadie en el templo, ni promoviendo motines entre la gente en las sinagogas ni en ninguna otra parte de la ciudad. Tampoco pueden probarle a usted las cosas de que ahora me acusan. Sin embargo, esto sí confieso: que adoro al Dios de nuestros antepasados siguiendo este Camino que mis acusadores llaman secta, pues estoy de acuerdo con todo lo que enseña la ley y creo lo que está escrito en los profetas. Tengo en Dios la misma esperanza que estos hombres profesan, de que habrá una resurrección de los justos y de los injustos. En todo esto procuro conservar siempre limpia mi conciencia delante de Dios y de los hombres.

»Después de una ausencia de varios años, volví a Jerusalén para traerle donativos a mi pueblo y presentar ofrendas. En esto estaba, habiéndome ya purificado, cuando me encontraron en el templo. No me acompañaba ninguna multitud, ni estaba implicado en ningún disturbio. Los que me vieron eran algunos judíos de la provincia de Asia, y son ellos los que deberían estar delante de usted para formular sus acusaciones, si es que tienen algo contra mí. De otro modo, estos que están aquí deberían declarar qué delito hallaron en mí cuando comparecí ante el Consejo, a no ser lo que exclamé en presencia de ellos: "Es por la resurrección de los muertos por lo que hoy me encuentro procesado delante de ustedes."

Entonces Félix, que estaba bien informado del Camino, suspendió la sesión.

—Cuando venga el comandante Lisias, decidiré su caso —les dijo.

Luego le ordenó al centurión que mantuviera custodiado a Pablo, pero que le diera cierta libertad y permitiera que sus amigos lo atendieran.

Algunos días después llegó Félix con su esposa Drusila, que era judía. Mandó llamar a Pablo y lo escuchó hablar acerca de la fe en Cristo Jesús. Al disertar Pablo sobre la justicia, el dominio propio y el juicio venidero, Félix tuvo miedo y le dijo: «¡Basta por ahora! Puedes retirarte. Cuando sea oportuno te mandaré llamar otra vez.» Félix también esperaba que Pablo le ofreciera dinero; por eso mandaba llamarlo con frecuencia y conversaba con él.

Transcurridos dos años, Félix tuvo como sucesor a Porcio Festo, pero como Félix quería congraciarse con los judíos, dejó preso a Pablo.

Tres días después de llegar a la provincia, Festo subió de Cesarea a Jerusalén. Entonces los jefes de los sacerdotes y los dirigentes de los judíos presentaron sus acusaciones contra Pablo. Insistentemente le pidieron a Festo que les hiciera el favor de trasladar a Pablo a Jerusalén. Lo cierto es que ellos estaban preparando una emboscada para matarlo en el camino. Festo respondió: «Pablo está preso en Cesarea, y yo mismo partiré en breve para allá. Que vayan conmigo algunos de los dirigentes de ustedes y formulen allí sus acusaciones contra él, si es que ha hecho algo malo.»

Después de pasar entre los judíos unos ocho o diez días, Festo bajó a Cesarea, y al día siguiente convocó al tribunal y mandó que le trajeran a Pablo. Cuando éste se presentó, los judíos que habían bajado de Jerusalén lo rodearon, formulando contra él muchas acusaciones graves que no podían probar.

Pablo se defendía:

—No he cometido ninguna falta, ni contra la ley de los judíos ni contra el templo ni contra el emperador.

Pero Festo, queriendo congraciarse con los judíos, le preguntó:

—¿Estás dispuesto a subir a Jerusalén para ser juzgado allí ante mí?

Pablo contestó:

—Ya estoy ante el tribunal del emperador, que es donde se me debe juzgar. No les he hecho ningún agravio a los judíos, como usted sabe muy bien. Si soy culpable de haber hecho algo que merezca la muerte, no me niego a morir. Pero si no son ciertas las acusaciones que estos judíos formulan contra mí, nadie tiene el derecho de entregarme a ellos para complacerlos. ¡Apelo al emperador!

Después de consultar con sus asesores, Festo declaró:

—Has apelado al emperador. ¡Al emperador irás!

Pasados algunos días, el rey Agripa y Berenice llegaron a Cesarea para saludar a Festo. Como se entretuvieron allí varios días, Festo le presentó al rey el caso de Pablo.

—Hay aquí un hombre —le dijo— que Félix dejó preso. Cuando fui a Jerusalén, los jefes de los sacerdotes y los ancianos de los judíos presentaron acusaciones contra él y exigieron que se le condenara. Les respondí que no es costumbre de los romanos entregar a ninguna persona sin antes concederle al acusado un careo con sus acusadores, y darle la oportunidad de defenderse de los cargos. Cuando acudieron a mí, no dilaté el caso, sino que convoqué al tribunal el día siguiente y mandé traer a este hombre. Al levantarse para hablar, sus acusadores no alegaron en su contra ninguno de los delitos que yo había supuesto. Más bien, tenían contra él algunas cuestiones tocantes a su propia religión y sobre un tal Jesús, ya muerto, que Pablo sostiene que está vivo. Yo no sabía cómo investigar tales cuestiones, así que le pregunté si estaba dispuesto a ir a Jerusalén para ser juzgado allí con respecto a esos cargos. Pero como Pablo apeló para que se le reservara el fallo al emperador, ordené que quedara detenido hasta ser remitido a Roma.

—A mí también me gustaría oír a ese hombre —le dijo Agripa a Festo.

—Pues mañana mismo lo oirá usted —le contestó Festo.

Al día siguiente Agripa y Berenice se presentaron con gran pompa, y entraron en la sala de la audiencia acompañados por oficiales de alto rango y por las personalidades más distinguidas de la ciudad. Festo mandó que le trajeran a Pablo, y dijo:

—Rey Agripa y todos los presentes: Aquí tienen a este hombre. Todo el pueblo judío me ha presentado una demanda contra él, tanto en Jerusalén como aquí en Cesarea, pidiendo a gritos su muerte. He llegado a la conclusión de que él no ha hecho nada que merezca la muerte, pero como apeló al emperador, he decidido enviarlo a Roma. El problema es que no tengo definido nada que escribir al soberano acerca de él. Por eso lo he hecho comparecer ante ustedes, y especialmente delante de usted, rey Agripa, para que como resultado de esta investigación tenga yo algunos datos para mi carta; me parece absurdo enviar un preso sin especificar los cargos contra él.

Entonces Agripa le dijo a Pablo:

—Tienes permiso para defenderte.

Pablo hizo un ademán con la mano y comenzó así su defensa:

—Rey Agripa, para mí es un privilegio presentarme hoy ante usted para defenderme de las acusaciones de los judíos, sobre todo porque usted está bien informado de todas las tradiciones y controversias de los judíos. Por eso le ruego que me escuche con paciencia.

»Todos los judíos saben cómo he vivido desde que era niño, desde mi edad temprana entre mi gente y también en Jerusalén. Ellos me conocen desde hace mucho tiempo y pueden atestiguar, si quieren, que viví como fariseo, de acuerdo con la secta más estricta de nuestra religión. Y ahora me juzgan por la esperanza que tengo en la promesa que Dios hizo a nuestros antepasados. Ésta es la promesa que nuestras doce tribus esperan alcanzar rindiendo culto a Dios con diligencia día y noche. Es por esta esperanza, oh rey, por lo que me acusan los judíos. ¿Por qué les parece a ustedes increíble que Dios resucite a los muertos?

»Pues bien, yo mismo estaba convencido de que debía hacer todo lo posible por combatir el nombre de Jesús de Nazaret. Eso es precisamente lo que hice en Jerusalén. Con la autoridad de los jefes de los sacerdotes metí en la cárcel a muchos de los santos, y cuando los mataban, yo manifestaba mi aprobación. Muchas veces anduve de sinagoga en sinagoga castigándolos para obligarlos a blasfemar. Mi obsesión contra ellos me llevaba al extremo de perseguirlos incluso en ciudades del extranjero.

»En uno de esos viajes iba yo hacia Damasco con la autoridad y la comisión de los jefes de los sacerdotes. A eso del mediodía, oh rey, mientras iba por el camino, vi una luz del cielo, más refulgente que el sol, que con su resplandor nos envolvió a mí y a mis acompañantes. Todos caímos al suelo, y yo oí una voz que me decía en arameo: "Saulo, Saulo, ¿por qué me persigues? ¿Qué sacas con darte cabezazos contra la pared?" Entonces pregunté: "¿Quién eres, Señor?" "Yo soy Jesús, a quien tú persigues —me contestó el Señor—. Ahora, ponte en pie y escúchame. Me he aparecido a ti con el fin de designarte siervo y testigo de lo que has visto de mí y de lo que te voy a revelar. Te libraré de tu propio pueblo y de los gentiles. Te envío a éstos para que les abras los ojos y se conviertan de las tinieblas a la luz, y del poder de Satanás a Dios, a fin de que, por la fe en mí, reciban el perdón de los pecados y la herencia entre los santificados."

»Así que, rey Agripa, no fui desobediente a esa visión celestial. Al contrario, comenzando con los que estaban en Damasco, siguiendo con los que estaban en Jerusalén y en toda Judea, y luego con los gentiles, a todos les prediqué que se arrepintieran y se convirtieran a Dios, y que demostraran su arrepentimiento con sus buenas obras. Sólo por eso los judíos me prendieron en el templo y trataron de matarme. Pero Dios me ha ayudado hasta hoy, y así me mantengo firme, testificando a grandes y pequeños. No he dicho sino lo que los profetas y Moisés ya dijeron que sucedería: que el Cristo padecería y que, siendo el primero en resucitar, proclamaría la luz a su propio pueblo y a los gentiles.

Al llegar Pablo a este punto de su defensa, Festo interrumpió.

—¡Estás loco, Pablo! —le gritó—. El mucho estudio te ha hecho perder la cabeza.

—No estoy loco, excelentísimo Festo —contestó Pablo—. Lo que digo es cierto y sensato. El rey está familiarizado con estas cosas, y por eso hablo ante él con tanto atrevimiento. Estoy convencido de que nada de esto ignora, porque no sucedió en un rincón. Rey Agripa, ¿cree usted en los profetas? ¡A mí me consta que sí!

—Un poco más y me convences a hacerme cristiano —le dijo Agripa.

—Sea por poco o por mucho —le replicó Pablo—, le pido a Dios que no sólo usted, sino también todos los que me están escuchando hoy, lleguen a ser como yo, aunque sin estas cadenas.

Se levantó el rey, y también el gobernador, Berenice y los que estaban sentados con ellos. Al retirarse, decían entre sí:

—Este hombre no ha hecho nada que merezca la muerte ni la cárcel.

Y Agripa le dijo a Festo:

—Se podría poner en libertad a este hombre si no hubiera apelado al emperador.

Cuando se decidió que navegáramos rumbo a Italia, entregaron a Pablo y a algunos otros presos a un centurión llamado Julio, que pertenecía al batallón imperial. Subimos a bordo de un barco, con matrícula de Adramitio, que estaba a punto de zarpar hacia los puertos de la provincia de Asia, y nos hicimos a la mar. Nos acompañaba Aristarco, un macedonio de Tesalónica.

Al día siguiente hicimos escala en Sidón; y Julio, con mucha amabilidad, le permitió a Pablo visitar a sus amigos para que lo atendieran. Desde Sidón zarpamos y navegamos al abrigo de Chipre, porque los vientos nos eran contrarios. Después de atravesar el mar frente a las costas de Cilicia y Panfilia, arribamos a Mira de Licia. Allí el centurión encontró un barco de Alejandría que iba para Italia, y nos hizo subir a bordo. Durante muchos días la navegación fue lenta, y a duras penas llegamos frente a Gnido. Como el viento nos era desfavorable para seguir el rumbo trazado, navegamos al amparo de Creta, frente a Salmona. Seguimos con dificultad a lo largo de la costa y llegamos a un lugar llamado Buenos Puertos, cerca de la ciudad de Lasea.

Se había perdido mucho tiempo, y era peligrosa la navegación por haber pasado ya la fiesta del ayuno. Así que Pablo les advirtió: «Señores, veo que nuestro viaje va a ser desastroso y que va a causar mucho perjuicio tanto para el barco y su carga como para nuestras propias vidas.» Pero el centurión, en vez de hacerle caso, siguió el consejo del timonel y del dueño del barco. Como el puerto no era adecuado para invernar, la mayoría decidió que debíamos seguir adelante, con la esperanza de llegar a Fenice, puerto de Creta que da al suroeste y al noroeste, y pasar allí el invierno.

Cuando comenzó a soplar un viento suave del sur, creyeron que podían conseguir lo que querían, así que levaron anclas y navegaron junto a la costa de Creta. Poco después se nos vino encima un viento huracanado, llamado Nordeste, que venía desde la isla. El barco quedó atrapado por la tempestad y no podía hacerle frente al viento, así que nos dejamos llevar a la deriva. Mientras pasábamos al abrigo de un islote llamado Cauda, a duras penas pudimos sujetar el bote salvavidas. Después de subirlo a bordo, amarraron con sogas todo el casco del barco para reforzarlo. Temiendo que fueran a encallar en los bancos de arena de la Sirte, echaron el ancla flotante y dejaron el barco a la deriva. Al día siguiente, dado que la tempestad seguía arremetiendo con mucha fuerza contra nosotros, comenzaron a arrojar la carga por la borda. Al tercer día, con sus propias manos arrojaron al mar los aparejos del barco. Como pasaron muchos días sin que aparecieran ni el sol ni las estrellas, y la tempestad seguía arreciando, perdimos al fin toda esperanza de salvarnos.

Llevábamos ya mucho tiempo sin comer, así que Pablo se puso en medio de todos y dijo: «Señores, debían haber seguido mi consejo y no haber zarpado de Creta; así se habrían ahorrado este perjuicio y esta pérdida. Pero ahora los exhorto a cobrar ánimo, porque ninguno de ustedes perderá la vida; sólo se perderá el barco. Anoche se me apareció un ángel del Dios a quien pertenezco y a quien sirvo, y me dijo: "No tengas miedo, Pablo. Tienes que comparecer ante el emperador; y Dios te ha concedido la vida de todos los que navegan contigo." Así que ¡ánimo, Señores! Confío en Dios que sucederá tal y como se me dijo. Sin embargo, tenemos que encallar en alguna isla.»

Ya habíamos pasado catorce noches a la deriva por el mar Adriático, cuando a eso de la medianoche los marineros presintieron que se aproximaban a tierra. Echaron la sonda y encontraron que el agua tenía unos treinta y siete metros de profundidad. Más adelante volvieron a echar la sonda y encontraron que tenía cerca de veintisiete metros de profundidad. Temiendo que fuéramos a estrellarnos contra las rocas, echaron cuatro anclas por la popa y se pusieron a rogar que amaneciera. En un intento por escapar del barco, los marineros comenzaron a bajar el bote salvavidas al mar, con el pretexto de que iban a echar algunas anclas desde la proa. Pero Pablo les advirtió al centurión y a los soldados: «Si ésos no se quedan en el barco, no podrán salvarse ustedes.» Así que los soldados cortaron las amarras del bote salvavidas y lo dejaron caer al agua.

Estaba a punto de amanecer cuando Pablo animó a todos a tomar alimento: «Hoy hace ya catorce días que ustedes están con la vida en un hilo, y siguen sin probar bocado. Les ruego que coman algo, pues lo necesitan para sobrevivir. Ninguno de ustedes perderá ni un solo cabello de la cabeza.» Dicho esto, tomó pan y dio gracias a Dios delante de todos. Luego lo partió y comenzó a comer. Todos se animaron y también comieron. Éramos en total doscientas setenta y seis personas en el barco. Una vez satisfechos, aligeraron el barco echando el trigo al mar.

Cuando amaneció, no reconocieron la tierra, pero vieron una bahía que tenía playa, donde decidieron encallar el barco a como diera lugar. Cortaron las anclas y las dejaron caer en el mar, desatando a la vez las amarras de los timones. Luego izaron a favor del viento la vela de proa y se dirigieron a la playa. Pero el barco fue a dar en un banco de arena y encalló. La proa se encajó en el fondo y quedó varada, mientras la popa se hacía pedazos al embate de las olas.

Los soldados pensaron matar a los presos para que ninguno escapara a nado. Pero el centurión quería salvarle la vida a Pablo, y les impidió llevar a cabo el plan. Dio orden de que los que pudieran nadar saltaran primero por la borda para llegar a tierra, y de que los demás salieran valiéndose de tablas o de restos del barco. De esta manera todos llegamos sanos y salvos a tierra.

Una vez a salvo, nos enteramos de que la isla se llamaba Malta. Los isleños nos trataron con toda clase de atenciones. Encendieron una fogata y nos invitaron a acercarnos, porque estaba lloviendo y hacía frío. Sucedió que Pablo recogió un montón de leña y la estaba echando al fuego, cuando una víbora que huía del calor se le prendió en la mano. Al ver la serpiente colgada de la mano de Pablo, los isleños se pusieron a comentar entre sí: «Sin duda este hombre es un asesino, pues aunque se salvó del mar, la justicia divina no va a consentir que siga con vida.» Pero Pablo sacudió la mano y la serpiente cayó en el fuego, y él no sufrió ningún daño. La gente esperaba que se hinchara o cayera muerto de repente, pero después de esperar un buen rato y de ver que nada extraño le sucedía, cambiaron de parecer y decían que era un dios.

Cerca de allí había una finca que pertenecía a Publio, el funcionario principal de la isla. Éste nos recibió en su casa con amabilidad y nos hospedó durante tres días. El padre de Publio estaba en cama, enfermo con fiebre y disentería. Pablo entró a verlo y, después de orar, le impuso las manos y lo sanó. Como consecuencia de esto, los demás enfermos de la isla también acudían y eran sanados. Nos colmaron de muchas atenciones y nos proveyeron de todo lo necesario para el viaje.

Al cabo de tres meses en la isla, zarpamos en un barco que había invernado allí. Era una nave de Alejandría que tenía por insignia a los dioses Dióscuros. Hicimos escala en Siracusa, donde nos quedamos tres días. Desde allí navegamos bordeando la costa y llegamos a Regio. Al día siguiente se levantó el viento del sur, y al segundo día llegamos a Poteoli. Allí encontramos a algunos creyentes que nos invitaron a pasar una semana con ellos. Y por fin llegamos a Roma. Los hermanos de Roma, habiéndose enterado de nuestra situación, salieron hasta el Foro de Apio y Tres Tabernas a recibirnos. Al verlos, Pablo dio gracias a Dios y cobró ánimo. Cuando llegamos a Roma, a Pablo se le permitió tener su domicilio particular, con un soldado que lo custodiara.

Tres días más tarde, Pablo convocó a los dirigentes de los judíos. Cuando estuvieron reunidos, les dijo:

—A mí, hermanos, a pesar de no haber hecho nada contra mi pueblo ni contra las costumbres de nuestros antepasados, me arrestaron en Jerusalén y me entregaron a los romanos. Éstos me interrogaron y quisieron soltarme por no ser yo culpable de ningún delito que mereciera la muerte. Cuando los judíos se opusieron, me vi obligado a apelar al emperador, pero no porque tuviera alguna acusación que presentar contra mi nación. Por este motivo he pedido verlos y hablar con ustedes. Precisamente por la esperanza de Israel estoy encadenado.

—Nosotros no hemos recibido ninguna carta de Judea que tenga que ver contigo —le contestaron ellos—, ni ha llegado ninguno de los hermanos de allá con malos informes o que haya hablado mal de ti. Pero queremos oír tu punto de vista, porque lo único que sabemos es que en todas partes se habla en contra de esa secta.

Señalaron un día para reunirse con Pablo, y acudieron en mayor número a la casa donde estaba alojado. Desde la mañana hasta la tarde estuvo explicándoles y testificándoles acerca del reino de Dios y tratando de convencerlos respecto a Jesús, partiendo de la ley de Moisés y de los profetas. Unos se convencieron por lo que él decía, pero otros se negaron a creer. No pudieron ponerse de acuerdo entre sí, y comenzaron a irse cuando Pablo añadió esta última declaración: «Con razón el Espíritu Santo les habló a sus antepasados por medio del profeta Isaías diciendo:

»"Ve a este pueblo y dile:

'Por mucho que oigan, no entenderán;
por mucho que vean, no percibirán.'

Porque el corazón de este pueblo se ha vuelto insensible;
se les han embotado los oídos,
y se les han cerrado los ojos.

De lo contrario, verían con los ojos,
oirían con los oídos,
entenderían con el corazón

y se convertirían, y yo los sanaría."

»Por tanto, quiero que sepan que esta salvación de Dios se ha enviado a los gentiles, y ellos sí escucharán.»

Durante dos años completos permaneció Pablo en la casa que tenía alquilada, y recibía a todos los que iban a verlo. Y predicaba el reino de Dios y enseñaba acerca del Señor Jesucristo sin impedimento y sin temor alguno.

EL DRAMA DE LA BIBLIA EN SEIS ACTOS

La Biblia es una colección de cartas, poemas, historias, visiones, oráculos proféticos, sabiduría y otras clases de escritos. El primer paso para una buena lectura y comprensión de la Biblia es acercarse a esta colección de volúmenes como las diversas clases de escritos que son, y leerlos como libros completos. Te animamos a leer en grande, a no tomar simplemente pequeños fragmentos de la Biblia. Las introducciones al comienzo de cada libro te ayudarán a hacerlo.

Pero es también importante mirar la Biblia no como si fuera una colección de escritos sin ninguna relación entre sí. En general, la Biblia es una narración. Estos libros se unen para contar la verdadera historia de Dios y su plan para enderezar de nuevo al mundo. Esta historia de la Biblia se desarrolla naturalmente en seis actos principales, que se resumen brevemente a continuación.

Pero incluso de manera más precisa, podemos decir que la historia de la Biblia es un drama. La clave del drama es que tiene que actuarse, representarse, vivirse. No puede quedar solamente como palabras escritas en una página. El drama es una historia en acción. La Biblia se escribió para que pudiéramos entrar en su historia. Significa que debe vivirse.

> «Siempre he pensado en la vida como una historia en primer lugar: y si hay una historia, tiene que haber un narrador».
>
> G. K. Chesterton

Todos nosotros, sin excepción, vivimos nuestras vidas como si se tratara de un drama. Estamos en la escena todos los días. ¿Qué diremos? ¿Qué haremos? ¿En cuál de las historias viviremos? Si no respondemos a estas preguntas con el libreto bíblico, seguiremos otro. No podemos evitar vivir de acuerdo con las instrucciones escénicas de otro, incluso si son meramente nuestras propias instrucciones.

Por esta razón, otra clave para aproximarnos bien a la Biblia es reconocer que su historia no ha terminado. La acción salvadora de Dios continúa. Todos estamos invitados a asumir nuestros roles en esta historia actual de redención y nueva creación. Entonces, acojamos el drama de la Biblia. Bienvenido a la historia de cómo Dios quiere renovar tu vida y la vida del mundo. El mismo Dios te está llamando para que te acerques a él e interacciones con su Palabra.

Acto 1º: LA INTENCIÓN DE DIOS

 El drama se inicia (en las primeras páginas del libro de Génesis) con Dios en el escenario creando un mundo. Crea al hombre y a la mujer, Adán y Eva, y los coloca en el Jardín del Edén para que lo trabajen y lo cuiden. La tierra es creada para que sea la casa, el hogar de ellos. Dios quiere que la humanidad viva en una relación cercana, íntima con él y en armonía con el resto de la creación que la rodea.

En un pasaje asombroso, la Biblia nos cuenta que los seres humanos son la imagen de Dios, creados para participar en la tarea de llevar el gobierno sabio y beneficioso de Dios al resto del mundo. Hombre y mujer juntos, somos seres humanos significativos que tomamos decisiones y moldeamos el mundo. Esta es nuestra vocación, es nuestro propósito según la historia bíblica los define.

Otra parte igualmente asombrosa del Acto 1º es la descripción de un Dios que llega al jardín para convivir con los primeros seres humanos. La tierra no es solo el lugar que Dios intentó para la humanidad, sino que Dios mismo hace de la hermosa y nueva creación, su propio hogar. Reside en él como si fuera su templo.

Luego Dios hace su propia evaluación de toda la creación: *Y vio Dios todo lo que había hecho, y he aquí que era bueno en gran manera.* El Acto 1º revela el deseo original de Dios para el mundo. Nos muestra que la vida misma es un regalo del Creador. Nos dice para qué fuimos hechos y prepara el escenario de toda la acción que sigue.

Acto 2º: EL EXILIO

 La tensión y el conflicto se introducen en la historia cuando Adán y Eva deciden seguir su propio camino y descubrir su propia sabiduría. Escuchan la voz engañadora del enemigo de Dios, Satanás, y dudan de la credibilidad de Dios. Deciden vivir apartados de la palabra que el mismo Dios les ha dado. Deciden crearse su propia ley.

La desobediencia de Adán y Eva —la introducción del pecado en nuestro mundo— se presenta en la Biblia como un hecho de consecuencias devastadoras. Los seres humanos fueron creados para mantener una relación íntima y saludable con Dios, con ellos entre sí y con el resto de la creación. Pero ahora la humanidad debe vivir el rompimiento de todas estas relaciones y en consecuencia, con la vergüenza, la desolación, el dolor, la soledad… y la muerte.

El cielo y la tierra —el dominio de Dios y el dominio nuestro— eran para que estuvieran unidos. Dios deseaba claramente desde el principio vivir con nosotros en el mundo que había creado. Pero ahora Dios está escondido. Ahora es posible estar en nuestro mundo sin conocerlo a él, sin experimentar su presencia, ni seguir sus caminos, ni vivir en gratitud.

El resultado de esta rebelión da origen al primer exilio de la historia. A los seres humanos se los aleja de la presencia de Dios. Sus descendientes a lo largo de la historia buscarán la manera de regresar a la fuente de la vida. Inventarán toda clase de filosofías y religiones tratando de darle sentido al mundo caído, no obstante memorable. Pero ahora la muerte los acecha y descubrirán que no pueden escaparse de ella. Por haber tratado de vivir lejos de Dios y de su sabia palabra, los seres humanos descubrirán que ni tienen a Dios, ni tienen vida.

Nuevas preguntas surgen en la historia: ¿Podrá removerse la maldición que pesa sobre la creación y restaurarse la relación de Dios con la humanidad? ¿Pueden los cielos y la tierra unirse de nuevo? ¿O pudieron los enemigos de Dios terminar eficientemente el plan y desquiciar la historia?

Acto 3º: EL LLAMAMIENTO DE ISRAEL A UNA MISIÓN

 Vemos la dirección del plan redentor de Dios cuando llama a Abraham y le promete que hará de él una nación grande. Dios estrecha su enfoque y se concentra en un grupo de gente. Pero el objetivo último sigue siendo el mismo: bendecir a todos los pueblos de la tierra y remover la maldición que pesa sobre la creación.

Cuando los descendientes de Abraham son esclavizados en Egipto, se establece un patrón central en la historia: Dios escucha los clamores de ayuda y viene a liberarlos. Luego hace un pacto con esta nueva nación de Israel en el monte Sinaí. Dios llama a Israel para que sea la luz de las naciones y le muestre al mundo lo que significa seguir la forma de vida que Dios quiere. Si lo hacen así, los bendecirá en la nueva tierra y vendrá a vivir con ellos.

Sin embargo, Dios les advierte que si no son fieles al pacto, los echará tal como lo hizo con Adán y Eva. A pesar de las repetidas advertencias por medio de sus profetas, Israel parece empecinado en quebrantar el pacto. Por eso Dios abandona el santo templo —el símbolo de su presencia en medio de su pueblo—, y los invasores paganos lo destruyen. La capital de Israel, la ciudad de Jerusalén, es saqueada e incendiada.

Los descendientes de Abraham, escogidos para enmendar el fracaso de Adán, ahora parecen haber fracasado también. Israel, enviado como la respuesta divina a la caída de Adán, no puede escaparse del pecado de Adán. Dios, no obstante, es fiel a su pueblo y a su plan, y planta la semilla con un desenlace diferente. Dios promete enviar un nuevo rey, un descendiente del rey David, quien conducirá a Israel de nuevo a su destino. Los mismos profetas que advirtieron a Israel de sus transgresiones, también prometen que las buenas noticias de la victoria de Dios se oirán nuevamente en Israel.

El Acto 3º termina trágicamente con un Dios aparentemente ausente y con las naciones paganas que gobiernan a Israel. Pero la esperanza de la promesa permanece. Hay un Dios verdadero. Él ha escogido a Israel, y volverá a su pueblo para vivir de nuevo en medio de él. Será el portador de justicia, paz y sanidad para Israel y luego para el mundo. Esto lo hará en una forma final y apoteósica. Dios enviará a su Ungido, el Mesías. Él dio su palabra.

Acto 4º: LA VICTORIA SORPRENDENTE DE JESÚS

«Él es el dios que se ha manifestado . . . el salvador universal de la vida humana». Estas palabras, con alusión a César Augusto (descubiertas en una inscripción romana del año 4 a. de C. en Éfeso), eran el evangelio del imperio romano. Esta versión de las buenas nuevas anuncia que César es el señor que trae la paz y la prosperidad al mundo.

En este imperio nace el hijo de David que anuncia el evangelio del reino de Dios. Jesús de Nazaret trae las buenas nuevas de la venida del reinado de Dios. Comienza a mostrar cómo es la nueva creación de Dios. Anuncia el fin del exilio de Israel y el perdón de los pecados. Sana a los enfermos y resucita a los muertos. Triunfa sobre los poderes tenebrosos de la oscuridad. Acoge a los pecadores y a los que son considerados impuros. Jesús renueva la nación al reconstruir a las doce tribus de Israel a su alrededor de manera simbólica.

Pero los líderes de la religión establecida se sienten amenazados por Jesús y su reino, y por eso se lo llevan al gobernador romano. En la misma semana en que los judíos recordaban y celebraban la Pascua —cuando Dios en la antigüedad rescató a su pueblo de la esclavitud en Egipto— los romanos clavan a Jesús en una cruz y lo matan acusándolo de ser un rey falso.

Pero la Biblia dice que su derrota es en realidad la victoria más grande de Dios. ¿Cómo? Jesús voluntariamente entrega su vida en sacrificio en nombre de la nación, en nombre del mundo. Jesús toma sobre sí toda la fuerza del mal y le anula su poder. De esta manera sorprendente Jesús lucha y gana la última batalla de Israel. Roma nunca fue el verdadero enemigo; lo fueron los poderes espirituales detrás de Roma y de todos los reinos que tienen a la muerte como arma. Con su sangre, Jesús paga el precio y reconcilia todo lo que está en el cielo y en la tierra con Dios.

Dios entonces declara públicamente esta victoria al cambiar la sentencia de muerte de Jesús y resucitarlo a la vida. La resurrección del rey de Israel demuestra que los grandes enemigos de la creación de Dios —el pecado y la muerte— verdaderamente han sido derrotados.

Jesús es el cumplimiento de la historia de Israel y el nuevo comienzo para toda la raza humana. La muerte vino a través del primer hombre, Adán. La resurrección de la muerte viene a través del nuevo hombre, Jesús. La intención original de Dios ya está redimida.

Acto 5º: EL PUEBLO RENOVADO DE DIOS

Si la victoria clave ya está asegurada, ¿por qué entonces hay un Acto 5º? La respuesta es que Dios quiere que la victoria de Jesús se esparza por todas las naciones del mundo. El Jesús resucitado les dice a sus discípulos: «*¡La paz sea con ustedes! Como el Padre me envió a mí, así yo los envío a ustedes*». Este nuevo acto del drama cuenta la historia de cómo los primeros seguidores de Jesús comenzaron a difundir las buenas nuevas del reino de Dios.

Según el Nuevo Testamento, todos los que pertenecen al Mesías de Israel son hijos de Abraham, herederos tanto de las promesas antiguas como de la misión antigua. La tarea de llevarles la bendición a los pueblos del mundo le ha sido encomendada de nuevo a la familia de Abraham. Su misión es la de vivir el mensaje liberador de las buenas nuevas del reino de Dios.

Dios está congregando a los pueblos de todo el mundo y constituyéndolos en asambleas de seguidores de Jesús —su iglesia. Juntos conforman el nuevo templo de Dios, el lugar donde su Espíritu vive. Son la comunidad de los que se han comprometido con Jesús como el verdadero Señor del mundo. Son los que ya cruzaron de la muerte a la nueva vida mediante el poder del Espíritu de Dios, y demuestran el amor de Dios traspasando las fronteras comunes de raza, clase, tribu y nación.

El perdón de los pecados y la reconciliación con Dios ya puede anunciársele a todo el mundo. Siguiendo los pasos de Jesús, sus seguidores proclaman este evangelio del reino con palabras y con hechos. El poder de esta nueva vida dada por Dios que irrumpe en el mundo, es para demostrarse con acciones del mundo real de la comunidad cristiana. El mensaje, sin embargo, también conlleva una advertencia. Cuando el Mesías vuelva otra vez, lo hará en calidad de legítimo juez del mundo.

La Biblia es la historia de la lucha central que se abre paso a lo largo de las historia del mundo. Y ahora la historia se traslada justo a nuestro propio tiempo, envolviéndonos a todos en su drama.

Por eso nos vemos confrontados por el reto de una decisión. ¿Qué haremos? ¿Cómo encajaremos en esta historia? ¿Qué función desempeñaremos? Dios nos invita a ser parte de su misión de recreación —de llevar restauración, sanidad, justicia y perdón. Debemos unirnos a la tarea de hacer las cosas nuevas, de ser una señal viviente de lo que ha de venir cuando el drama llegue a su culminación.

Acto 6º: DIOS VIENE A CASA

 El futuro de Dios ha llegado a nuestro mundo mediante la obra de Jesús el Mesías. Pero por ahora, la actual edad del mal también continúa. La transgresión, la maldad, la enfermedad e incluso la muerte siguen su curso. Vivimos en la época del traslapo de las edades, el tiempo intermedio. El Acto final se acerca, pero no ha llegado todavía.

Vivimos en la época de la invitación, cuando el llamado del Evangelio es para toda criatura. Por supuesto, muchos todavía viven como si Dios no existiera. No reconocen el reinado del Mesías. Pero llegará el día cuando Jesús regresará a la tierra y el reino de Dios será una realidad incuestionable en todo el mundo.

La presencia de Dios con nosotros se hará plena y abiertamente de nuevo, como lo fuera al principio del drama. El plan de redención de Dios cumplirá su objetivo. La creación experimentará su propio Éxodo y encontrará la liberación de la esclavitud de la corrupción. El dolor y las lágrimas, la culpa y la vergüenza, el sufrimiento y la muerte dejarán de existir.

Cuando llegue el día de la resurrección, el pueblo de Dios se dará cuenta de que su esperanza se ha cumplido. La fuerza dinámica de una vida indestructible recorrerá sus cuerpos. Facultada por el Espíritu y sin las ataduras del pecado y de la muerte, iremos en busca de nuestra vocación original como humanidad renovada. Seremos forjadores de cultura, bajo Dios pero sobre el mundo. Al haber sido hechos de nuevo a la imagen de Cristo, ahora participaremos en la tarea de llevar su sabio y esmerado reinado a la tierra.

En el centro de todo estará el mismo Dios. Él regresará y habitará con nosotros, esta vez en un cielo nuevo y una tierra nueva. Nosotros, junto con el resto de la creación, lo adoraremos con perfección y cumpliremos nuestro verdadero llamado. Dios estará a plenitud en todo, y el mundo entero se llenará de su gloria.

¿Y QUÉ SIGUE AHORA?

La visión de conjunto anterior del drama de la Biblia sirve de estructura para que comiences a leer los libros que componen la historia. El resumen que hemos proporcionado es simplemente la invitación para que te acerques a los propios libros sagrados e interacciones con ellos.

La mayoría de la gente hoy sigue la costumbre de leer solamente trocitos fragmentarios de la Biblia —versículos— y a menudo aislados de los libros de los cuales son parte. Hacerlo así no ayuda mucho a la buena comprensión de la Biblia. Te animamos para que tomes todos los libros tal como los escribieron sus autores. Esta es realmente la única forma de lograr un buen conocimiento de las Escrituras.

> «Profundiza y lee a lo grande».

Cuanto más te metas de lleno en el libreto de este drama, mayor será la oportunidad de encontrar tu propio lugar en la historia. La página siguiente, llamada *Vivamos el libreto*, te indicará los próximos pasos que te ayudarán a asumir tu papel en el drama de renovación de la Biblia.

VIVAMOS
EL LIBRETO

Desde el principio Dios manifestó claramente que quería que fuéramos actores importantes en su drama. Sin duda, es ante todo la historia de Dios. Pero no podemos sentarnos pasivamente para ver qué sucede. En cada acto o escena vemos cómo él invita a los seres humanos a que participen con él.

He aquí tres pasos clave para que encuentres tu lugar en el drama:

1. MÉTETE DE LLENO EN LA BIBLIA

Si no estamos familiarizados con el texto del drama en sí, no hay probabilidades de que vivamos bien las partes que nos corresponden. Solamente cuando leemos a fondo y extensamente la Biblia, aderezándola y absorbiéndola en nuestras vidas, estaremos preparados para asumir con eficiencia nuestros roles. Cuanto más leamos la Biblia, mejores lectores seremos. En vez de rasguñar la superficie, nos volveremos diestros para interpretar y practicar lo que leemos.

2. HAZ EL COMPROMISO DE SEGUIR A JESÚS

Todos hemos participado en la ruptura y la maldad que apareció en la historia en el Acto 2º. La victoria de Jesús en el Acto 4º nos ofrece ahora la oportunidad de que nuestras vidas den un giro. Nuestros pecados pueden ser perdonados. Podemos ser parte de la historia de la nueva creación de Dios.

Apartarnos de nuestra maldad. Dios actuó por medio de la muerte y resurrección del Mesías para ocuparse en forma terminante del pecado, tanto en tu vida como en la vida del mundo. Su muerte fue un sacrificio y su resurrección un nuevo comienzo. Reconoce que Jesús es el legítimo soberano del mundo y comprométete a seguirlo y a unirte al pueblo de Dios.

3. VIVE TU PARTE

Los seguidores de Jesús son actores del evangelio en las comunidades locales que viven juntos el drama bíblico, aunque no tenemos un libreto exacto para nuestras frases y acciones en el drama hoy. Nuestra historia aún no se ha escrito. Y no podemos simplemente repetir frases de los actos anteriores del drama. Entonces, ¿qué hacemos?

Leemos la Biblia para entender lo que Dios ya hizo, especialmente por medio de Jesús el Mesías, y para saber cómo hacemos que esta historia avance. *La Biblia nos ayuda a contestar la pregunta clave acerca de todo lo que decimos y hacemos: ¿Es esta la manera apropiada y conveniente de vivir la historia de Jesús hoy?* Es así como ponemos las Escrituras en acción. Las opciones de la vida pueden ser confusas, pero Dios nos entregó su Palabra y nos prometió su Espíritu para guiarnos en el camino. Tú eres la obra de arte de Dios, creado para hacer buenas obras. Que a cambio, tu vida sea un bellísimo regalo para él.